# PILARES DO SUCESSO

## ELEMENTOS FUNDAMENTAIS PARA O AVANÇO PROFISSIONAL

CESAR COTAIT KARA JOSÉ

# PILARES DO SUCESSO

## ELEMENTOS FUNDAMENTAIS PARA O AVANÇO PROFISSIONAL

Editora Sulina

Capa: Humberto Nunes (sobre arte de Lucas Sampaio | SmartFrog Criações)
Projeto gráfico e editoração: Cristiano Marques
Revisão e organização dos originais: Álvaro Nunes Larangeira
Editor: Luis Antonio Paim Gomes

Dados Internacionais de Catalogação na Publicação (CIP)
Bibliotecária Responsável: Denise Mari de Andrade Souza – CRB 10/960

J83p Kara José, Cesar Cotait

Pilares do sucesso: elementos fundamentais para o avanço profissional / Cesar Cotait Kara José. – Porto Alegre: Sulina, 2024.
168 p.; 16x23cm.

ISBN: 978-65-5759-167-3

1. Formação Profissional. 2. Estratégia Profissional. 3. Gestão Empresarial. 4. Administração de Empresas. 5. Treinamento. 6. Carreira Profissional – Planejamento. I. Título.

CDU: 658
CDD: 650


EDITORA MERIDIONAL LTDA.

Rua Leopoldo Bier, 644, 4° andar – Santana
CEP: 90620-100 – Porto Alegre/RS
Fone: (0xx51) 3110.9801
www.editorasulina.com.br
e-mail: sulina@editorasulina.com.br

Novembro/2024
Impresso no Brasil / Printed in Brazil

*Dedico este livro à minha família, namorada e amigos, que são minha fonte constante de inspiração e apoio. Este livro é uma pequena homenagem ao amor e à força que vocês me proporcionam diariamente, guiando-me em cada passo dessa jornada. Também o dedico a todos aqueles que se atrevem a sonhar alto, mas que nunca esquecem o valor do esforço e da perseverança no caminho para alcançar seus objetivos.*

# AGRADECIMENTO

Expresso minha gratidão a todos que contribuíram para a realização do livro *Pilares do Sucesso: elementos fundamentais para o avanço profissional*. Sem seu apoio e colaboração, este projeto não teria sido possível.

Agradeço à minha família, namorada e amigos pelo apoio constante e sabedoria compartilhada, que foram fundamentais durante todo o processo. Seu encorajamento e perspectivas enriqueceram cada etapa desta jornada

Aos líderes e equipes com os quais tive a honra de trabalhar ao longo da minha trajetória profissional, meu mais profundo agradecimento. Seu apoio e incentivo foram essenciais para transformar este projeto em realidade.

Um reconhecimento especial aos colegas e mentores cujas orientações foram inestimáveis para o desenvolvimento deste livro. Suas contribuições foram verdadeiramente inspiradoras.

Agradeço também aos autores e especialistas cujas obras serviram de inspiração e referência. Sua dedicação no campo da administração e do desenvolvimento profissional é admirável.

Finalmente, minha gratidão aos leitores. Este trabalho é dedicado a vocês. Espero que os insights e informações aqui compartilhados sejam úteis e inspiradores em sua jornada profissional.

# SUMÁRIO

# PREFÁCIO

Caro leitor,

Na jornada da vida, há três pilares fundamentais que moldam nossa existência: família, hobbies e trabalho. Esses elementos formam a base sobre a qual construímos nossas experiências, relacionamentos e realizações. Ao equilibrar esses três aspectos, podemos alcançar uma vida plena e satisfatória.

No ambiente familiar, aprendemos valores fundamentais, como o respeito, a compaixão e a importância do trabalho em equipe. Os laços familiares nos ensinam a lidar com conflitos, a valorizar as diferenças e a buscar o equilíbrio entre as responsabilidades individuais e coletivas. Aprendemos também a importância da comunicação eficaz e do apoio mútuo para enfrentar os desafios da vida.

Nos hobbies, encontramos uma fonte de prazer e autodescoberta. Através de atividades como esportes, pintura, música, jardinagem, leitura, escrita, culinária, fotografia e viagens, exploramos novas paixões e desenvolvemos habilidades que enriquecem nossa vida. Aprendemos a administrar o tempo e a persistir diante das dificuldades. Além disso, os hobbies nos proporcionam momentos de relaxamento e descontração, essenciais para o bem-estar mental e emocional.

No ambiente de trabalho, adquirimos conhecimentos técnicos e habilidades profissionais, mas também aprendemos lições valiosas sobre colaboração, liderança e resiliência. Através das interações com colegas e superiores, aprendemos a trabalhar em equipe, a resolver problemas de forma criativa e a adaptarmo-nos a novos desafios. O trabalho também nos ensina a importância da ética, da responsabilidade e do comprometimento com a excelência.

Todos os pilares fundamentais da vida estão intrinsecamente conectados, formando uma teia complexa que influencia nossa jornada de vida. A motivação e a autoconfiança são combustíveis que nos impulsionam a perseguir nossos objetivos, superar desafios e alcançar o sucesso tanto pessoal quanto profissional. Cultivar e nutrir esses atributos é essencial para construir uma base sólida para uma vida significativa e gratificante.

Neste livro, focaremos especialmente no pilar trabalho, reunindo temas que considero fundamentais para alcançar o sucesso profissional. Dentro deste contexto, a administração é uma área vital que abrange uma variedade de aspectos essenciais para o êxito na carreira. Existem seis áreas fundamentais na administração que orientam as práticas e estratégias organizacionais. Dentro dessas áreas, identificamos 20 competências essenciais para o sucesso profissional, que serão detalhadas ao longo deste livro.

*Pilares do Sucesso* foi concebido com um propósito claro de fornecer a vocês as habilidades e o conhecimento necessários para prosperar em sua carreira. Cada capítulo aborda tópicos essenciais, desde liderança e gestão de projetos até comunicação eficaz e pensamento estratégico, oferecendo perspectivas práticas e estratégias acionáveis para aplicação imediata em sua vida profissional.

Que esta obra seja uma fonte de inspiração e orientação em sua jornada profissional.

# INTRODUÇÃO

Bem-vindo ao seu guia essencial para o sucesso de carreira. Em um mundo cada vez mais competitivo e em constante evolução, é fundamental ter um entendimento claro dos elementos que impulsionam o crescimento profissional e pessoal. Ao longo desta jornada, exploraremos as 20 competências fundamentais que são a base do sucesso na carreira. Esses conceitos, meticulosamente divididos em seis áreas fundamentais, abrangem desde as habilidades pessoais mais essenciais até as estratégias avançadas de desenvolvimento profissional.

Antes de mergulharmos nos detalhes, é crucial compreender o contexto em que esses fundamentos se encaixam. Portanto, iniciaremos com uma breve introdução à administração. A administração é a arte e a ciência de planejar, organizar, dirigir e controlar recursos para alcançar objetivos organizacionais de maneira eficiente e eficaz. É um campo vasto e multifacetado, abrangendo desde a gestão de equipes e liderança até a inovação e a ética nos negócios.

Neste livro, não apenas destacaremos os fundamentos essenciais para o sucesso de carreira, mas também examinaremos como esses conceitos se aplicam ao contexto da administração. A administração é a espinha dorsal de qualquer organização, e compreender seus princípios fundamentais é fundamental para prosperar no mundo dos negócios.

Este livro não é apenas um compêndio de conceitos; é um guia prático repleto de informações acionáveis, para alcançar sua excelência profissional. Este é o seu mapa para construir uma base sólida que o levará a novos patamares de realização e sucesso em sua jornada profissional.

Vamos começar esta emocionante jornada de autodescoberta e crescimento profissional!

# PARTE 1

# DESENVOLVIMENTO DE COMPETÊNCIAS PESSOAIS

A área de Desenvolvimento de Competências Pessoais é essencial para o sucesso profissional e os tópicos abordados são fundamentais para o autodesenvolvimento e gerenciamento pessoal. Eles abrangem habilidades que ajudam na organização, tomada de decisões, resistência a situações adversas e competências básicas necessárias no ambiente digital e financeiro.

## Gestão de tempo e produtividade

Esta competência é vital para os líderes e empreendedores, pois o tempo é um recurso limitado e valioso. A gestão eficaz do tempo envolve definir prioridades, estabelecer metas claras e criar um plano de ação para alcançá-las dentro dos prazos estabelecidos. Estratégias como a técnica Pomodoro, a matriz de Eisenhower e a delegação eficaz são discutidas para ajudar os leitores a otimizarem seu tempo e melhorar sua produtividade.

## Resolução de problemas e tomada de decisões

Lidar com problemas e tomar decisões é uma parte inevitável do ambiente empresarial. Este pilar aborda a importância de abordar problemas de forma sistemática, identificar suas causas raízes e explorar várias soluções antes de tomar uma decisão informada. Técnicas como análise SWOT, brainstorming e análise de decisão são exploradas para capacitar os leitores a resolverem problemas de forma eficaz e tomar decisões acertadas.

## Administração de estresse e resiliência

O estresse é uma realidade comum no mundo dos negócios, mas é essencial aprender a gerenciá-lo para manter o desempenho e o bem-estar. Neste pilar, são discutidas estratégias para reconhecer os sinais de estresse, desenvolver resiliência emocional e adotar hábitos saudáveis de autocuidado. Isso inclui técnicas de respiração, práticas de mindfulness e a importância do equilíbrio entre vida pessoal e profissional.

## Desenvolvimento de competências digitais

No mundo digital de hoje, as habilidades técnicas são mais importantes do que nunca. Este pilar explora a importância de permanecer atualizado com as últimas tecnologias e ferramentas relevantes para a sua área de atuação. Isso inclui habilidades como o domínio de softwares de produtividade, compreensão de análise de dados e familiaridade com plataformas de comunicação digital. Desse modo, a capacidade de aprender continuamente e se adaptar às mudanças tecnológicas é enfatizada como uma habilidade crucial para o sucesso profissional a longo prazo.

## Gestão financeira pessoal

A gestão financeira pessoal é fundamental para o bem-estar e a estabilidade financeira dos indivíduos e possibilitar manter o foco no crescimento. Este pilar aborda princípios básicos de gestão financeira, como orçamentação, economia e investimento. Discute estratégias para criar e manter um orçamento equilibrado, economizar para objetivos de curto e longo prazos e tomar decisões financeiras informadas, além de destacar a importância de planejar para o futuro, incluindo aposentadoria e segurança financeira.

Cada um desses conceitos é fundamental para o desenvolvimento pessoal e profissional dos líderes e empreendedores, capacitando-os a enfrentar os desafios do mundo empresarial com confiança e eficácia. Ao dominar essas competências pessoais, os indivíduos estão mais bem preparados para alcançar o sucesso em suas carreiras e alcançar seus objetivos profissionais.

# 1
# GESTÃO DE TEMPO E PRODUTIVIDADE

## Introdução

Em um mundo movido pela constante pressão do tempo e demandas crescentes, a gestão eficaz do tempo e a maximização da produtividade são mais cruciais do que nunca. Neste capítulo, adentraremos no universo da gestão de tempo, explorando técnicas comprovadas para alcançar uma maior eficiência e realizar mais em menos tempo. Desde o estabelecimento de metas claras até a gestão estratégica de energia, vamos nos aprofundar em práticas que possibilitam o sucesso pessoal e profissional.

## Estabelecimento de metas: navegando rumo ao destino

Começar uma jornada sem um destino definido é como navegar em mar aberto sem uma bússola. As metas são o farol que ilumina nosso caminho, nos orientando na direção dos nossos sonhos e aspirações. Como disse Brian Tracy (2003, p. 6), renomado autor de desenvolvimento pessoal, "as metas são o combustível do progresso". Sublinharemos a importância do estabelecimento de metas e como as metas SMART podem ser o guia para alcançar o sucesso desejado.

As metas SMART são um acrônimo para Específicas, Mensuráveis, Atingíveis, Relevantes e Temporais. Elas fornecem um framework claro e eficaz para definir objetivos que são claros, mensuráveis e alcançáveis. Ao tornar nossas metas específicas, podemos visualizar exatamente o que queremos alcançar. Ao torná-las mensuráveis, podemos acompanhar nosso progresso e ajustar o curso conforme necessário. Ao garantir que sejam alcançáveis e relevantes, garantimos que nossas metas estejam dentro do nosso alcance e sejam significativas para nós. E, por fim, ao estabelecer um prazo para nossas metas, criamos um senso de urgência e nos comprometemos com a ação.

No entanto, definir metas apenas por defini-las não é suficiente. É crucial alinhar nossas metas com nossos valores e visão de longo prazo. Nossos valores são o alicerce sobre o qual construímos nossas vidas, e nossas metas devem refletir esses valores. Ter uma visão clara do futuro nos permite estabelecer metas que estejam alinhadas com essa visão, nos impulsionando na direção certa e nos motivando mesmo nos momentos difíceis.

Ao estabelecer metas SMART e alinhá-las com nossos valores e visão de longo prazo, estamos nos colocando no caminho do sucesso. Nossas metas se tornam as âncoras que nos ancoram quando os ventos da vida sopram forte. Elas nos fornecem clareza, foco e direção, nos mantendo no curso certo, mesmo quando enfrentamos desafios. Portanto, vamos abraçar o poder das metas e navegar com confiança em direção ao nosso destino desejado. O futuro está em nossas mãos, e nossas metas são as chaves que abrem as portas para o sucesso.

## Priorização de tarefas: o poder do discernimento

Na era da sobrecarga de informações e demandas incessantes, a priorização eficaz de tarefas é essencial para manter o foco e alcançar resultados significativos. Como disse o renomado autor e palestrante Steven Covey (1989, p. 151), "o que é importante raramente é urgente, e o que é urgente raramente é importante". Vamos explorar o poder do discernimento na priorização de tarefas e mostrar como a Matriz de Eisenhower pode nos ajudar a distinguir entre o urgente e o importante, permitindo-nos canalizar nossa energia para onde ela é mais necessária.

A Matriz de Eisenhower é uma ferramenta poderosa para priorizar tarefas com base em sua urgência e importância. Dividindo as tarefas em quatro quadrantes – importantes e urgentes, importantes mas não urgentes, urgentes mas não importantes e nem urgentes nem importantes –, a matriz nos ajuda a identificar as tarefas que merecem nossa atenção imediata e aquelas que podem ser delegadas, adiadas ou descartadas.

Ao aplicar a Matriz de Eisenhower, somos capacitados a tomar decisões informadas sobre como investir nosso tempo e energia. Em vez de sermos consumidos por tarefas urgentes, mas não necessariamente importantes, podemos nos concentrar nas atividades que trazem os maiores retornos em nosso tempo e investimento de energia. Isso nos permite dedicar recursos significativos a projetos de longo prazo, desenvolvimento pessoal e estratégias de crescimento, ao invés de nos perdermos em atividades de curto prazo e reativas.

Ao dominar a arte da priorização de tarefas e utilizar a Matriz de Eisenhower como guia, podemos maximizar nossa eficiência e eficácia em todas as áreas da vida. Ao discernir entre o urgente e o importante, podemos direcionar nossos esforços para onde eles são mais necessários, alcançando resultados significativos e mantendo um equilíbrio saudável entre trabalho, vida pessoal e autodesenvolvimento.

## Técnicas de gestão do tempo: maximizando a eficiência

Na busca pela produtividade e eficiência, a gestão do tempo desempenha um papel fundamental. Especificaremos uma variedade de técnicas projetadas para nos ajudar a aproveitar ao máximo nosso tempo e recursos, permitindo-nos avançar em direção aos nossos objetivos com clareza e foco.

Uma das técnicas mais populares de gestão do tempo é o método Pomodoro. Baseado na ideia de trabalhar em blocos de tempo concentrados, geralmente 25 minutos, seguidos por uma breve pausa de cinco minutos, o método Pomodoro ajuda a manter o foco e a produtividade ao mesmo tempo em que evita a exaustão mental. Esses intervalos regulares garantem que possamos manter nossa concentração durante as tarefas importantes, enquanto as pausas nos permitem recarregar e evitar o esgotamento.

Outra técnica essencial de gestão do tempo é a minimização de interrupções. Isso envolve identificar e eliminar distrações que possam roubar nosso foco e tempo precioso. Isso pode incluir desligar notificações de dispositivos eletrônicos, estabelecer períodos específicos para verificar e-mails e mensagens e criar um ambiente de trabalho livre de distrações para maximizar nossa produtividade.

Assim, existem estratégias para otimizar nossa eficiência em todas as áreas da vida. Isso pode incluir técnicas de organização, como o uso de listas de tarefas e calendários, a priorização de tarefas com base em sua importância e urgência, e a adoção de hábitos saudáveis de sono, exercício e alimentação para sustentar nossa energia ao longo do dia.

Ao implementar essas técnicas de gestão do tempo em nossa rotina diária, podemos maximizar nossa eficiência e eficácia, permitindo-nos alcançar mais em menos tempo. Com o método Pomodoro, a minimização de interrupções e a otimização da eficiência, podemos transformar cada momento em uma oportunidade para avançar em direção aos nossos objetivos com clareza, foco e determinação.

## Eliminação de distrações: mantendo o foco

No mundo agitado de hoje, as distrações são abundantemente presentes, minando nossa produtividade e prejudicando nosso desempenho. Apontaremos estratégias eficazes para identificar e neutralizar essas distrações, criando assim um ambiente propício para a concentração e o foco.

O primeiro passo para eliminar distrações é identificá-las. Isso pode incluir notificações constantes de dispositivos eletrônicos, como smartphones e computadores, interrupções de colegas de trabalho ou familiares, ou até mesmo tentações de verificar redes sociais ou e-mails com frequência. Ao reconhecer esses vilões, podemos começar a desenvolver estratégias para neutralizá-los.

Uma técnica eficaz é desativar notificações desnecessárias em nossos dispositivos eletrônicos. Isso significa desligar alertas de e-mails, mensagens e mídias sociais durante os períodos em que precisamos nos concentrar em nosso trabalho. Ao fazer isso, reduzimos a tentação de verificar constantemente nossos dispositivos e nos permitimos imergir totalmente nas tarefas em mãos.

É importante estabelecer limites saudáveis para o uso de mídias sociais e outras distrações digitais. Isso pode incluir definir horários específicos para verificar e-mails ou redes sociais, ou até mesmo usar aplicativos e ferramentas que ajudam a controlar o tempo gasto em determinados sites ou aplicativos. Ao fazer isso, podemos garantir que nosso tempo seja usado de forma mais produtiva e focada.

Por fim, cultivar uma mentalidade de atenção plena que nos permita permanecer concentrados em nossas tarefas mais importantes. Isso pode envolver práticas de meditação, exercícios de respiração ou simplesmente momentos de reflexão e calma ao longo do dia. Ao aprender a direcionar nossa atenção de forma consciente e intencional, podemos resistir às distrações e manter o foco em nossos objetivos.

Ao implementar essas estratégias para eliminar distrações, podemos criar um ambiente de trabalho propício para a concentração e o foco. Ao desativar notificações desnecessárias, estabelecer limites saudáveis para o uso de mídias sociais e cultivar uma mentalidade de atenção plena, podemos aumentar nossa produtividade e desempenho, alcançando assim nossos objetivos com mais eficiência e eficácia.

## Gestão de energia: equilibrando o fluxo

No turbilhão de nossas vidas diárias, a gestão eficaz de nossa energia é fundamental para sustentar a produtividade e o bem-estar ao longo do tempo. Vamos mostrar como reconhecer nossos padrões naturais de energia e adotar estratégias para equilibrar o fluxo de energia, alternando entre períodos de trabalho intenso e descanso, para evitar a exaustão e o esgotamento.

O primeiro passo na gestão de energia é reconhecer nossos próprios padrões naturais. Algumas pessoas têm picos de energia pela manhã, enquanto outras são mais produtivas à tarde ou à noite. Identificar esses padrões nos permite agendar atividades de alta energia para quando estivermos no nosso melhor e reservar momentos de baixa energia para tarefas mais leves ou períodos de descanso.

Uma parte fundamental da gestão de energia é a alternância entre períodos de trabalho intenso e momentos de descanso. O método Pomodoro, por exemplo, sugere trabalhar por 25 minutos e depois fazer uma pausa de cinco minutos, ajudando a manter o foco e evitar a fadiga mental. Tirar intervalos regulares ao longo do dia para fazer uma caminhada rápida, praticar exercícios de respiração ou simplesmente desconectar-se por alguns minutos podem revitalizar nossa energia e aumentar nossa produtividade.

Por fim, é importante colocarmos em prática estratégias para promover nossa saúde física e mental, garantindo que tenhamos a energia necessária para enfrentar os desafios com determinação e vitalidade. Isso pode incluir cuidar da alimentação, praticar exercícios físicos regularmente, priorizar o sono de qualidade e reservar tempo para atividades que nos tragam alegria e relaxamento. Ao cuidar de nosso corpo e mente, podemos aumentar nossa resistência ao estresse e cultivar uma energia sustentável que nos permite prosperar em todas as áreas de nossas vidas.

## Reflexão

Ao finalizar nosso mergulho na gestão de tempo e produtividade, compreendemos que o tempo é realmente nosso recurso mais valioso. Ao implementar as estratégias discutidas neste capítulo, podemos transformar cada momento em uma oportunidade para crescimento, realização e sucesso.

Ao estabelecer metas claras, priorizar tarefas, dominar técnicas de gestão do tempo, eliminar distrações e gerenciar nossa energia de forma estratégica, podemos alcançar resultados excepcionais em todas as áreas de nossas vidas. O tempo é nosso tesouro mais precioso – vamos usá-lo com sabedoria.

# 2
# RESOLUÇÃO DE PROBLEMAS E TOMADA DE DECISÕES

## Introdução

Em um mundo repleto de desafios e complexidades, a habilidade de resolver problemas de forma eficaz e tomar decisões informadas é uma âncora fundamental para o sucesso em qualquer empreendimento. Neste capítulo, entraremos nos meandros da resolução de problemas e tomada de decisões, explorando técnicas e estratégias essenciais para enfrentar os desafios que surgem em nosso caminho. Desde a identificação precisa de problemas até a implementação eficaz de soluções, aprenderemos a navegar com confiança nas águas da incerteza.

## Identificação e definição de problemas: desvendando a origem dos desafios

Como disse Albert Einstein (1954, p. 237), “se eu tivesse uma hora para resolver um problema, passaria 55 minutos pensando sobre o problema e cinco minutos pensando sobre soluções”. Adotemos essa abordagem reflexiva e meticulosa, explorando técnicas para investigar a raiz dos problemas, formular perguntas perspicazes e coletar informações relevantes que nos permitam compreender completamente a natureza e o escopo do desafio que enfrentamos.

O primeiro passo na identificação de problemas é investigar a raiz deles. Isso envolve fazer perguntas críticas, como: “Por que isso está acontecendo?” e “Quais são os fatores subjacentes que contribuem para este problema?”. A técnica dos “5 Porquês”, por exemplo, nos encoraja a continuar perguntando “Por quê?” até chegarmos à causa raiz do problema. Ao entender as causas subjacentes, podemos desenvolver soluções mais eficazes e duradouras.

Uma parte crucial da identificação de problemas é formular perguntas perspicazes que nos ajudem a explorar todos os aspectos do desafio. Isso inclui perguntas como “Quem é afetado por este problema?” e “Qual é o impacto potencial se este problema não for resolvido?”. Essas perguntas nos ajudam a obter uma visão mais abrangente do problema e considerar todos os interesses e perspectivas envolvidos.

Além de fazer perguntas, é essencial coletar informações relevantes que nos ajudem a entender completamente o problema. Isso pode envolver a análise de dados, a realização de pesquisas de mercado ou entrevistas com partes interessadas relevantes. Quanto mais informações tivermos à nossa disposição, melhor será nossa compreensão do problema e mais eficazes serão nossas soluções.

Ao identificar e definir problemas de forma clara e precisa, abrimos o caminho para encontrar soluções eficazes e duradouras. Ao investigar a raiz dos problemas, formular perguntas perspicazes e coletar informações relevantes, podemos compreender completamente a natureza e o escopo do desafio que enfrentamos.

## Análise de dados e informações: iluminando o caminho com insights

Para navegar efetivamente no mundo dos dados, é crucial compreender os princípios subjacentes. Como afirmou Nate Silver (2012), "a melhor maneira de nos proteger contra a incerteza é ter uma mente aberta, estar preparado para todas as possibilidades e não se apegar demais a qualquer uma delas". Abordaremos a importância da qualidade dos dados, identificação de padrões e tendências significativas e garantia da precisão e relevância das análises, porque, como disse Edward Tufte (1983), "os dados, por si só, não são informação. Dados transformados em informação tornam-se conhecimento".

Uma vez que tenhamos os dados em mãos, o próximo passo é organizá-los e estruturá-los de maneira que possamos extrair informações significativas. Isso pode envolver a criação de tabelas, gráficos ou diagramas para visualizar os dados de forma clara e acessível. A organização adequada dos dados nos permite identificar padrões e tendências de maneira mais eficaz.

Existem duas abordagens principais para a análise de dados: quantitativa e qualitativa. A análise quantitativa envolve a interpretação de números e estatísticas para identificar padrões numéricos, enquanto a análise qualitativa envolve a interpretação de textos, opiniões e feedbacks para identificar temas e ideias subjacentes. Ao combinar ambas as abordagens, podemos obter uma compreensão mais completa e holística dos dados. Aqui estão algumas diretrizes fundamentais para explorar efetivamente o vasto mundo dos dados:

- Qualidade dos dados: garanta que os dados utilizados sejam precisos, completos e confiáveis. Isso inclui a verificação da fonte dos dados, a eliminação de dados duplicados ou inconsistentes e a garantia de que os dados coletados sejam relevantes para a análise em questão.
- Identificação de padrões e tendências: use técnicas estatísticas e de mineração de dados para identificar padrões, tendências e correlações nos dados. Isso pode incluir a aplicação de algoritmos de aprendizado de máquina para encontrar entendimentos ocultos nos dados.
- Precisão e relevância: certifique-se de que as análises sejam precisas e relevantes para os objetivos da análise. Isso envolve a utilização de métodos estatísticos apropriados, a validação dos resultados e a interpretação dos insights à luz do contexto em que os dados foram coletados.
- Visualização de dados: utilize visualizações de dados eficazes, como gráficos, tabelas e dashboards, para comunicar os resultados da análise de forma clara e compreensível. Visualizações bem projetadas facilitam a interpretação dos dados e ajudam na tomada de decisões informadas.
- Análise exploratória: adote uma abordagem exploratória para análise de dados, investigando diferentes perspectivas e hipóteses antes de tirar conclusões. Isso envolve a exploração de diferentes técnicas de análise e a consideração de várias fontes de dados para obter uma compreensão abrangente do problema em questão.
- Integridade e ética: respeite a privacidade e a segurança dos dados, garantindo que as análises sejam conduzidas de forma ética e responsável. Isso inclui a conformidade com regulamentações de proteção de dados e a adoção de práticas transparentes e éticas em todas as etapas da análise de dados.
- Atualização contínua: mantenha-se atualizado com as últimas técnicas e ferramentas de análise de dados, e esteja aberto a novas abordagens e metodologias à medida que o campo da análise de dados continua a evoluir.

O objetivo final da análise de dados é identificar padrões e tendências que possam fornecer percepções valiosas. Isso pode envolver a identificação de correlações entre variáveis, a detecção de anomalias nos dados ou a observação de mudanças ao longo do tempo. Ao encontrar padrões e tendências significativos, podemos tomar decisões mais informadas e eficazes.

Ao realizar uma análise cuidadosa de dados e informações, podemos iluminar o caminho para tomadas de decisão mais informadas e eficazes. Ao coletar dados relevantes, organizá-los e analisá-los de forma adequada, podemos identificar padrões e tendências que nos fornecerão informações preciosas. Esses insights nos guiarão na jornada rumo a soluções eficazes e nos capacitarão a alcançar nossos objetivos com confiança e clareza.

## Geração de soluções criativas: alçando voo para novos horizontes

Como disse Maya Angelou (1989, p. 24), "você não pode usar a criatividade para se livrar da criatividade". Vamos liberar nossa imaginação, utilizando técnicas de brainstorming, pensamento lateral e abordagens colaborativas para gerar ideias que desafiam o convencional e nos levam em direção a novos horizontes de possibilidades.

O primeiro passo para gerar soluções criativas é libertar nossa imaginação das restrições autoimpostas. Isso envolve desafiar as suposições convencionais, questionar o status quo e explorar novas perspectivas e possibilidades. Ao abrir nossa mente para novas ideias e abordagens, expandimos nosso potencial criativo e abrimos portas para soluções inovadoras.

Uma vez que tenhamos liberado nossa imaginação, podemos começar o processo de brainstorming para gerar uma ampla gama de ideias. Isso pode ser feito individualmente ou em grupo, e envolve a geração livre e sem julgamento de ideias, independentemente de sua viabilidade inicial. O objetivo é gerar o maior número possível de ideias, mesmo que algumas pareçam improváveis ou absurdas.

Além do brainstorming tradicional, também podemos utilizar técnicas de pensamento lateral para abordar os desafios de novas maneiras. Isso envolve a aplicação de métodos não lineares e não convencionais para resolver problemas, como fazer analogias, mudar de perspectiva e desafiar pressupostos básicos. O pensamento lateral nos ajuda a romper padrões de pensamento habituais e a encontrar soluções criativas e inovadoras.

Por fim, podemos aproveitar o poder da colaboração para gerar soluções criativas. Trabalhando em equipe, podemos combinar diferentes perspectivas, habilidades e experiências para gerar ideias mais diversas e robustas. A colaboração também nos permite construir em cima das ideias uns dos outros, refinando e aprimorando-as até chegarmos a soluções verdadeiramente inovadoras.

Ao utilizar técnicas de brainstorming, pensamento lateral e abordagens colaborativas, podemos gerar soluções criativas e inovadoras que nos levam em direção a novos horizontes de possibilidades. Liberando nossa imaginação, explorando livremente ideias, pensando fora da caixa e colaborando com outros, podemos desafiar o convencional, romper com os limites do status quo e encontrar soluções verdadeiramente transformadoras.

## Avaliação de riscos: navegando com segurança em mares incertos

Como disse Warren Buffett (2005), "o risco vem de não saber o que você está fazendo". Portanto, vamos desenvolver uma compreensão clara das possíveis armadilhas e consequências adversas, enquanto criamos planos de contingência robustos para mitigar esses riscos e garantir uma navegação segura em mares incertos.

O primeiro passo na avaliação de riscos é identificar todas as possíveis fontes de incerteza e perigo que podem afetar nossos objetivos. Isso envolve uma análise cuidadosa de todos os aspectos do ambiente interno e externo que podem representar ameaças ou oportunidades. Ao antecipar os riscos de forma proativa, podemos estar melhor preparados para enfrentá-los quando surgirem.

Após identificar os riscos, é essencial analisar sua probabilidade de ocorrência e o impacto potencial que podem ter em nossos objetivos. Isso nos permite priorizar os riscos com base em sua gravidade e urgência, concentrando nossos esforços naqueles que têm o maior potencial de impacto negativo. A análise de riscos nos ajuda a tomar decisões informadas sobre como lidar com cada ameaça de forma eficaz.

Compreender os riscos é apenas o primeiro passo; devemos também desenvolver planos de contingência robustos para lidar com eles caso se materializem. Isso envolve antecipar diferentes cenários e preparar respostas adequadas a cada um deles. Ao criar planos de contingência sólidos, podemos estar preparados para enfrentar qualquer desafio que surja, minimizando o impacto negativo em nossos objetivos e operações.

Após desenvolvermos nossos planos de contingência, é crucial implementá-los de forma eficaz e monitorar continuamente o ambiente em busca de novos riscos e mudanças nas condições existentes. Isso nos permite adaptar nossas estratégias conforme necessário e garantir que permaneçamos ágeis e flexíveis diante de qualquer desafio que surja. A capacidade de resposta rápida e eficiente é essencial para navegar com segurança em mares incertos.

Ao entender os princípios da avaliação de riscos e desenvolver planos de contingência eficazes, podemos navegar com confiança e segurança em mares incertos. Identificando, analisando e mitigando os riscos, podemos proteger nossos objetivos e garantir o sucesso de nossas iniciativas, mesmo diante das incertezas e desafios que enfrentamos.

## Implementação eficaz de decisões: levando as ideias do papel à prática

Como disse Peter Drucker (1966), "a execução é o principal trabalho de qualquer organização. A implementação é o que separa os sonhos dos resultados". Vamos discutir estratégias para comunicar decisões de forma clara e transparente, envolver partes interessadas relevantes na implementação e monitorar de perto o progresso para garantir que nossas decisões sejam transformadas em ação e resultados tangíveis.

O primeiro passo para uma implementação eficaz de decisões é comunicar claramente a visão por trás das decisões tomadas. Isso envolve explicar o raciocínio por trás das decisões, os objetivos a serem alcançados e as expectativas em relação aos resultados esperados. Uma comunicação transparente ajuda a construir confiança e comprometimento entre as partes interessadas, garantindo que todos estejam alinhados e engajados no processo de implementação.

Além de comunicar a visão, é essencial envolver as partes interessadas relevantes no processo de implementação. Isso inclui identificar e consultar aqueles que serão afetados pela decisão e garantir que suas preocupações e perspectivas sejam consideradas. Ao envolver as partes interessadas desde o início, podemos construir apoio e colaboração, aumentando as chances de sucesso na implementação.

Uma vez que as decisões foram comunicadas e as partes interessadas foram envolvidas, é crucial monitorar de perto o progresso da implementação. Isso envolve estabelecer métricas de desempenho claras e definir marcos de progresso para acompanhar o andamento das iniciativas. Ao monitorar de perto o progresso, podemos identificar rapidamente quaisquer desvios ou obstáculos e tomar medidas corretivas para garantir que as decisões sejam executadas com eficácia.

Por fim, é importante manter uma mentalidade de adaptação e flexibilidade durante todo o processo de implementação. Nem sempre as coisas saem conforme o planejado, e é crucial estar preparado para enfrentar mudanças e desafios inesperados ao longo do caminho. Isso requer uma abordagem ágil e receptiva, capaz de ajustar estratégias e planos conforme necessário para garantir que os objetivos finais sejam alcançados.

Ao implementar decisões de forma eficaz, podemos transformar ideias do papel em ação e resultados tangíveis. Com uma comunicação clara e transparente, envolvimento das partes interessadas, monitoramento cuidadoso do progresso e uma abordagem ágil e flexível, podemos garantir que nossas decisões sejam executadas com sucesso, alcançando os objetivos desejados.

## Reflexão

Ao concluir nossa jornada pela resolução de problemas e tomada de decisões, compreendemos que essas habilidades são verdadeiramente os lemes que nos guiam em nossa jornada rumo ao sucesso pessoal e organizacional. Ao identificar e definir problemas com clareza, analisar dados e informações com precisão, gerar soluções criativas, avaliar riscos com sabedoria e implementar decisões com diligência, estamos equipados para enfrentar os desafios com confiança e determinação. Ao dominar essas habilidades, não apenas navegamos com sucesso nas águas da incerteza, mas também alcançamos novos patamares de realização e excelência em todas as áreas de nossas vidas.

# 3
# ADMINISTRAÇÃO DE ESTRESSE E RESILIÊNCIA

## Introdução

A vida está repleta de desafios, mas é a resiliência que nos permite superá-los e prosperar. Neste capítulo abordaremos a necessidade de adaptabilidade em um mundo em constante mudança. Exploramos estratégias para desenvolver resiliência, flexibilidade e capacidade de gerenciar a resistência à mudança, bem como a importância de adotar uma mentalidade de crescimento para prosperar em ambientes dinâmicos.

## Princípios da resiliência: fundamentos para superar a adversidade

A resiliência não é apenas sobre resistir à pressão; é sobre crescer através dela. Como disse Maya Angelou (1969), "você pode encontrar muitas derrotas, mas não deve ser derrotado". Discutiremos como a resiliência envolve a capacidade de se adaptar, aprender com os fracassos e manter uma atitude positiva, apesar das circunstâncias.

### Aceitação da realidade

Encarar as situações difíceis de frente, sem negação ou evasão, é o primeiro passo para superá-las. Quando reconhecemos a realidade tal como é, podemos começar a encontrar soluções eficazes para lidar com os desafios.

### Mentalidade positiva

Manter uma visão otimista da vida, mesmo diante de desafios, é essencial para desenvolver resiliência. Acreditar que podemos superar as dificuldades nos ajuda a manter a motivação e a perseverança.

### Resolução de problemas

Focar nas soluções, em vez de nos problemas, e ver os desafios como oportunidades de aprendizado promovem a resiliência. Ao abordar os problemas com uma mentalidade proativa, podemos encontrar maneiras criativas de superá-los.

### Apoio social

Buscar apoio emocional e prático de amigos e familiares fortalece nossa capacidade de enfrentar as dificuldades. Ter uma rede de apoio confiável nos dá o suporte necessário para lidar com o estresse e superar os obstáculos.

### Autocuidado

Priorizar a saúde física e mental através de exercícios, alimentação saudável e descanso adequado é crucial para a resiliência. Quando cuidamos de nós mesmos, estamos mais bem equipados para lidar com os desafios da vida.

Ao internalizar esses princípios e incorporá-los em sua vida diária, você estará mais bem preparado para enfrentar os desafios com resiliência e determinação, emergindo mais forte e mais sábio a cada experiência adversa.

## Desenvolvimento de mentalidade resiliente: fortalecendo a mente para a batalha

Uma mente resiliente é uma arma poderosa contra a adversidade. Abordaremos estratégias para cultivar a autoconfiança, a resiliência emocional e a flexibilidade mental, analisaremos também a mentalidade de crescimento e como isso nos ajuda a abraçar desafios como oportunidades de crescimento.

### Cultive a autoconfiança

Reconhecer nossas habilidades e valorizar nossos pontos fortes nos ajuda a enfrentar os desafios com confiança. Ao desenvolver uma autoimagem positiva, podemos enfrentar os desafios com determinação e autoconfiança.

### Desenvolva resiliência emocional

Aceitar e regular nossas emoções nos permite lidar melhor com o estresse e as adversidades. Ao aprender a reconhecer e expressar nossas emoções de forma saudável, podemos reduzir o impacto do estresse em nossa vida.

### Adote uma mentalidade de crescimento

Ver os desafios como oportunidades de crescimento pessoal e profissional promove a resiliência. Ao adotar uma mentalidade de crescimento, estamos abertos a aprender com nossas experiências e a nos tornar mais fortes no processo.

### Pratique a flexibilidade mental

Estar aberto a mudanças e adaptar-se às novas circunstâncias nos torna mais resilientes diante das adversidades. Ao desenvolver uma mente flexível, podemos nos ajustar rapidamente às mudanças e encontrar maneiras eficazes de lidar com os desafios.

Ao incorporar essas estratégias em sua vida diária, você fortalecerá sua mente para enfrentar qualquer desafio que surgir em seu caminho, emergindo mais resiliente e confiante a cada experiência.

## Técnicas de enfrentamento: armas contra o estresse e a pressão

Diante do estresse, precisamos de técnicas eficazes para manter nossa calma e clareza. Discutiremos práticas como a atenção plena, exercícios de relaxamento e respiração e a importância de uma rede de apoio social e emocional para nos ajudar a enfrentar os momentos difíceis com graça e força.

### Atenção plena

Praticar a meditação e estar presente no momento atual ajuda a reduzir o estresse e promove a resiliência. Ao cultivar a atenção plena, podemos desenvolver uma maior consciência de nossos pensamentos e sentimentos e encontrar paz interior.

### Exercícios de relaxamento e respiração

Praticar técnicas de respiração profunda e relaxamento muscular ajuda a aliviar a tensão e o estresse. Ao aprender a relaxar o corpo e a mente, podemos reduzir o impacto do estresse em nossa vida diária.

### Rede de apoio social e emocional

Buscar apoio de amigos e familiares nos momentos difíceis fortalece nossa resiliência emocional. Ter pessoas em quem podemos confiar nos dá o suporte necessário para enfrentar os desafios da vida com coragem e determinação.

### Estabelecimento de limites saudáveis

Definir prioridades e aprender a dizer não quando necessário ajuda a evitar o esgotamento e promove a resiliência. Ao estabelecer limites saudáveis em nossa vida, podemos proteger nossa saúde física e mental e evitar o excesso de estresse.

## Reflexão

Desenvolver resiliência é essencial para enfrentar os desafios da vida com sucesso. Ao cultivar uma mentalidade resiliente, praticar técnicas de enfrentamento eficazes e buscar apoio quando necessário, podemos superar as adversidades e prosperar, encontrando significado e crescimento em cada experiência difícil. Ao investir no desenvolvimento da resiliência, não apenas sobrevivemos aos desafios, mas também crescemos e nos tornamos mais fortes no processo.

# 4
# DESENVOLVIMENTO DE COMPETÊNCIAS DIGITAIS

## Introdução

No mundo contemporâneo, dominar as competências digitais é crucial para se manter relevante e competitivo no mercado de trabalho. Neste capítulo, detalharemos as habilidades necessárias para navegar eficazmente no ambiente digital, desde conceitos básicos de alfabetização digital até a compreensão das tecnologias emergentes que estão moldando o futuro.

## Alfabetização digital básica: fundamentos para a jornada digital

Começaremos discutindo a importância da alfabetização digital básica. Como disse Bill Gates (1999), "em breve haverá dois tipos de empresas: as que fazem negócios pela Internet e as que estão fora dos negócios". Abordaremos conceitos fundamentais, desde a operação básica de computadores e a navegação na web até a compreensão dos principais termos e conceitos tecnológicos.

## Operação básica de computadores

Conhecimento de hardware: entender os componentes básicos de um computador, como CPU, monitor, teclado e mouse, e saber como ligá-los e desligá-los corretamente.

Sistemas operacionais: familiaridade com sistemas operacionais comuns, como Windows ou MacOS, incluindo como navegar pelos menus, abrir e fechar programas e gerenciar arquivos.

Noções de segurança: consciência sobre a importância da segurança cibernética, incluindo a criação de senhas fortes e a proteção contra vírus e malware.

## Navegação na web

Uso de navegadores: conhecimento sobre como utilizar navegadores da web, como Google Chrome, Mozilla Firefox ou Microsoft Edge, para acessar e explorar sites na internet.

Pesquisa online: habilidades para realizar pesquisas eficazes na web, utilizando motores de busca e avaliando a confiabilidade e relevância das informações encontradas.

Segurança online: compreensão dos riscos de segurança online, incluindo phishing, sites maliciosos e práticas seguras de navegação na internet.

## Conhecimento de termos e conceitos tecnológicos

Vocabulário básico: familiaridade com termos e conceitos comuns, como Wi-Fi, navegador, e-mail, download, upload e armazenamento em nuvem.

Tecnologias emergentes: conhecimento sobre tecnologias emergentes, como inteligência artificial, big data, blockchain e internet das coisas, e como elas estão impactando diversos setores.

Adaptação a novas ferramentas: capacidade de aprender e se adaptar a novas ferramentas e aplicativos tecnológicos à medida que são introduzidos no mercado.

Ao dominar esses fundamentos da alfabetização digital básica, os indivíduos podem se sentir mais confiantes e capacitados para participar plenamente da era digital, aproveitando as oportunidades e enfrentando os desafios que ela apresenta.

## Habilidades de pesquisa na internet: navegando pelo oceano de informações digitais

Navegar pelo vasto oceano de informações digitais na internet requer habilidades de pesquisa eficazes e conhecimento das técnicas para realizar pesquisas online de maneira produtiva e eficiente. Citando Tim Berners-Lee (1999), inventor da World Wide Web, "a web não é sobre links, é sobre pessoas". Discutiremos estratégias para avaliar a credibilidade das fontes, buscar informações relevantes e utilizar ferramentas de pesquisa avançadas para encontrar o que precisamos em meio ao vasto oceano de dados digitais.

## Avaliação da credibilidade das fontes

Fontes confiáveis: identifique fontes confiáveis, como sites de instituições acadêmicas, governamentais ou reconhecidas na área de interesse.

Autoridade e credibilidade: avalie a autoridade e a credibilidade da fonte, verificando o histórico e as credenciais do autor ou da organização.

Cross-check: confirme as informações cruzando referências com múltiplas fontes confiáveis para garantir sua precisão e confiabilidade.

## Busca de informações relevantes

Palavras-chave: utilize palavras-chave específicas e relevantes para sua pesquisa, ajudando a refinar os resultados e encontrar informações pertinentes.

Operadores de busca: aproveite os operadores de busca avançados, como aspas para termos exatos, o sinal de menos para excluir palavras-chave e os operadores booleanos para combinar termos.

Filtros de pesquisa: utilize os filtros de pesquisa disponíveis nos motores de busca para refinar os resultados por data, tipo de arquivo, localização e outras categorias.

## Utilização de ferramentas avançadas

Google Scholar: para pesquisas acadêmicas utilize o Google Scholar para encontrar artigos acadêmicos, teses e trabalhos de pesquisa revisados por pares.

Bancos de dados: acesse bancos de dados especializados em sua área de interesse para encontrar informações específicas e de alta qualidade.

Redes sociais profissionais: utilize redes sociais profissionais, como LinkedIn, para conectar-se com especialistas e obter conhecimentos importantes sobre determinados tópicos.

Ao dominar essas técnicas de pesquisa na internet é possível navegar com mais eficácia pelo vasto oceano de informações digitais, encontrando e utilizando recursos relevantes e confiáveis para enriquecer o conhecimento e apoiar objetivos pessoais e profissionais.

## Competências em software e ferramentas digitais: potencializando a produtividade no mundo digital

Dominar o uso de software e ferramentas digitais é essencial para potencializar a produtividade e o desempenho no mundo digital em constante evolução. Vamos conhecer as competências necessárias para utilizar eficazmente essas ferramentas:

### Conhecimento básico de software

Sistemas operacionais: familiarize-se com sistemas operacionais populares, como Windows, MacOS e Linux, aprendendo a navegar em seus ambientes e a utilizar suas funcionalidades básicas.

Pacote Office: domine aplicativos do pacote Office, como Word, Excel, PowerPoint e Outlook, para criar documentos, planilhas, apresentações e gerenciar e-mails de forma eficiente.

### Aplicativos de produtividade

Gestão de tarefas: utilize aplicativos de gestão de tarefas, como Trello, Asana ou Todoist, para organizar suas atividades, definir prazos e acompanhar o progresso das tarefas.

Comunicação e colaboração: domine plataformas de comunicação e colaboração, como Slack, Microsoft Teams ou Google Workspace, para facilitar a comunicação em equipe, compartilhar arquivos e colaborar em projetos de forma eficaz.

### Ferramentas especializadas

Edição de imagens e vídeos: aprenda a utilizar ferramentas de edição de imagens, como Adobe Photoshop ou Canva, e de edição de vídeos, como Adobe Premiere Pro ou iMovie, para criar conteúdo visual atrativo e profissional.

Análise de dados: desenvolva habilidades em ferramentas de análise de dados, como Microsoft Excel (com recursos avançados como tabelas dinâmicas e fórmulas avançadas), Tableau ou Power BI, para interpretar e visualizar dados de maneira significativa.

### Atualização constante

Acompanhamento de novas tecnologias: mantenha-se atualizado sobre as novas tecnologias e ferramentas digitais emergentes, participando de cursos, webinars e conferências relevantes para a sua área de atuação.

Flexibilidade e adaptação: desenvolva uma mentalidade de aprendizado contínuo e esteja aberto a experimentar novas ferramentas e tecnologias que possam melhorar sua produtividade e eficiência no ambiente de trabalho digital em constante mudança.

Ao dominar essas competências em software e ferramentas digitais, os profissionais podem maximizar sua produtividade, eficiência e capacidade de colaboração no mundo digital de hoje, garantindo que estejam preparados para enfrentar os desafios e oportunidades que surgem nesse ambiente em constante evolução.

## Segurança cibernética: protegendo-se no mundo digitalizado

A segurança cibernética é uma prioridade inegociável no mundo digital atual. Como disse Bruce Schneier (2000), "a segurança é um processo, não um produto". Discutiremos técnicas para proteger informações pessoais e profissionais online, desde a criação de senhas seguras até a conscientização sobre ameaças como phishing e malware, garantindo assim a integridade e a privacidade dos dados.

Proteger-se no mundo digitalizado é essencial para garantir a segurança de informações pessoais e profissionais. Abordaremos algumas técnicas fundamentais de segurança cibernética:

### Fortalecendo senhas e credenciais

Senhas seguras: crie senhas fortes e exclusivas para cada conta, combinando letras maiúsculas e minúsculas, números e caracteres especiais. Evite usar informações pessoais óbvias.

Autenticação de Dois Fatores (2FA): ative a autenticação de dois fatores sempre que possível para adicionar uma camada extra de segurança às suas contas, exigindo um código adicional além da senha para fazer login.

### Conscientização sobre ameaças

Phishing: esteja atento a e-mails, mensagens ou chamadas telefônicas suspeitas que solicitam informações pessoais ou financeiras. Verifique sempre a autenticidade do remetente antes de fornecer dados sensíveis.

Malware e ransomware: mantenha o software antivírus e antimalware atualizado em todos os dispositivos e evite clicar em links ou baixar arquivos de fontes não confiáveis.

### Proteção de dados e privacidade

Criptografia: utilize ferramentas de criptografia para proteger dados confidenciais, como informações financeiras e pessoais, durante o armazenamento e a transmissão.

Configurações de privacidade: revise e ajuste regularmente as configurações de privacidade nas redes sociais e em outros serviços online para controlar quem pode ver suas informações e atividades.

### Atualizações e manutenção

Atualizações de software: mantenha todos os dispositivos e aplicativos atualizados com as últimas correções de segurança para proteger contra vulnerabilidades conhecidas.

Backup de dados: faça backup regular de seus dados importantes em locais seguros e fora da nuvem para garantir que eles possam ser recuperados em caso de perda ou comprometimento.

### Educação e treinamento

Conscientização de segurança: participe de programas de conscientização e treinamento em segurança cibernética para aprender sobre as últimas ameaças e melhores práticas de segurança.

Práticas de navegação segura: evite sites não seguros e utilize conexões criptografadas ao navegar na web, especialmente ao acessar informações confidenciais ou realizar transações financeiras.

Ao implementar essas medidas de segurança cibernética, os usuários podem proteger-se de forma mais eficaz contra ameaças online e garantir a integridade, confidencialidade e disponibilidade de seus dados no mundo digitalizado de hoje.

## Compreensão de tecnologias emergentes: navegando no futuro digital

Por fim, abordaremos a importância de entender as tecnologias emergentes. Como disse Alvin Toffler (1970), "o analfabeto do século 21 não será aquele que não sabe ler e escrever, mas aquele que não sabe aprender, desaprender e reaprender". Discutiremos conceitos como inteligência artificial, blockchain e realidade aumentada, preparando os profissionais para enfrentar os desafios e aproveitar as oportunidades do futuro digital.

Compreender as tecnologias emergentes é essencial para navegar com sucesso no futuro digital. Abordaremos algumas áreas-chave de tecnologia emergente e sua relevância:

### Inteligência artificial (IA)

Aplicações: a IA está revolucionando várias indústrias, desde assistentes virtuais e chatbots até diagnósticos médicos e veículos autônomos.

Impacto: compreender os fundamentos da IA permite aos profissionais explorar seu potencial para automatizar tarefas, melhorar a eficiência e impulsionar a inovação.

### Blockchain

Descentralização: a tecnologia blockchain possibilita transações seguras e transparentes sem a necessidade de intermediários, impactando áreas como finanças, cadeia de suprimentos e votação eletrônica.

Confiança e transparência: entender como o blockchain funciona ajuda os profissionais a explorarem suas aplicações para criar sistemas confiáveis e transparentes.

### Realidade aumentada (RA)

Interação imersiva: a RA combina o mundo digital com o físico, oferecendo experiências interativas em setores como jogos, educação e varejo.

Potencial criativo: conhecer os conceitos por trás da RA permite aos profissionais explorarem maneiras criativas de usar essa tecnologia para melhorar a experiência do usuário e criar novas formas de engajamento.

### Aprendizado contínuo

Flexibilidade mental: estar aberto a aprender e se adaptar a novas tecnologias é essencial em um mundo em constante mudança.

Resiliência digital: a capacidade de desaprender e reaprender é crucial para se manter relevante em um ambiente digital em rápida evolução.

Ao compreender e se familiarizar com as tecnologias emergentes, os profissionais podem se posicionar de forma mais estratégica para enfrentar os desafios e capitalizar as oportunidades do futuro digital. Como resultado, estarão mais bem preparados para prosperar em um mundo cada vez mais impulsionado pela inovação tecnológica.

## Reflexão

Neste capítulo, discorremos sobre as competências digitais essenciais para o sucesso no mundo contemporâneo. Ao dominar desde os fundamentos básicos até as tecnologias emergentes, os profissionais podem se adaptar e prosperar em um ambiente digital em constante evolução. Investir no desenvolvimento dessas habilidades não é apenas uma escolha, mas uma necessidade para enfrentar os desafios e explorar as possibilidades ilimitadas da era digital.

# 5
# GESTÃO FINANCEIRA PESSOAL

## Introdução

Na era da incerteza econômica e das rápidas mudanças financeiras, a gestão financeira pessoal se tornou mais do que nunca uma habilidade crucial para alcançar estabilidade e bem-estar financeiro. É fundamental compreender que sem uma base sólida de saúde financeira torna-se extremamente difícil focar em qualquer outra atividade ou aspiração de crescimento. Neste capítulo, aprofundaremos as técnicas e estratégias essenciais para gerenciar eficazmente as finanças pessoais, abrangendo desde a criação de um orçamento até o planejamento da aposentadoria.

## Criando e mantendo um orçamento pessoal: o primeiro passo para o controle financeiro

Um orçamento pessoal é como um mapa que guia as decisões financeiras diárias. Como disse Dave Ramsey (2003), "um orçamento é dizer ao seu dinheiro para onde ir, em vez de se perguntar para onde foi». Discutiremos a importância de criar um orçamento realista, identificando receitas, despesas fixas e variáveis, estabelecendo metas de gastos e acompanhando regularmente os resultados para garantir o cumprimento das metas financeiras.

## Elementos essenciais do orçamento pessoal

Ao criar um orçamento pessoal, é importante considerar três elementos principais: receitas, despesas fixas e despesas variáveis. As receitas incluem todas as fontes de renda, como salários, benefícios, rendimentos de investimentos, entre outros. As despesas fixas são aquelas que ocorrem regularmente e têm um valor constante, como aluguel, mensalidades, contas de serviços públicos e pagamentos de empréstimos. Por fim, as despesas variáveis são aquelas que podem variar de mês para mês, como alimentação, entretenimento e despesas com transporte.

## Estabelecendo metas de gastos e acompanhamento regular

Depois de identificar receitas e despesas, é importante estabelecer metas de gastos realistas com base na renda disponível e prioridades financeiras. Isso pode incluir metas de economia, pagamento de dívidas, investimentos e despesas discricionárias. Uma vez estabelecido o orçamento, é fundamental acompanhar regularmente os gastos e compará-los com as metas estabelecidas. Isso permite identificar áreas de gastos excessivos, fazer ajustes conforme necessário e garantir que o orçamento permaneça alinhado com as metas financeiras de longo prazo.

Criar e manter um orçamento pessoal é o primeiro passo para alcançar a estabilidade financeira e metas financeiras importantes. Ao adotar uma abordagem proativa para gerenciar as finanças pessoais, os indivíduos podem tomar o controle de suas vidas financeiras, reduzir o estresse relacionado ao dinheiro e criar uma base sólida para o futuro financeiro. Portanto, é fundamental dedicar tempo e esforço para criar um orçamento realista e comprometer-se a segui-lo de perto para alcançar o sucesso financeiro a longo prazo.

## Tomando decisões de investimento informadas: crescimento e proteção do patrimônio

Investir é uma parte fundamental da gestão financeira pessoal, mas pode ser intimidante para muitos. Warren Buffett (1992) observou que “investir é colocar dinheiro onde ele será bem cuidado e voltará para você multiplicado”. Exploraremos estratégias para tomar decisões de investimento informadas, incluindo a diversificação da carteira, a compreensão do perfil de risco e retorno e a pesquisa cuidadosa de opções de investimento, como ações, fundos mútuos e imóveis.

## Diversificação da carteira

Um dos princípios fundamentais do investimento é a diversificação da carteira. Isso envolve espalhar os investimentos por diferentes classes de ativos, setores e geografias para reduzir o risco de perda e aumentar as chances de retornos consistentes ao longo do tempo. Como disse Mark Mobius (1996), “a diversificação é a única proteção contra a ignorância”. Ao diversificar adequadamente, os investidores podem equilibrar o risco e o retorno, reduzindo a volatilidade da carteira.

## Compreensão do perfil de risco e retorno

Cada investidor tem um perfil de risco e retorno único, que reflete sua tolerância ao risco e suas metas financeiras. É crucial entender esse perfil para tomar decisões de investimento adequadas. Investidores mais avessos ao risco podem optar por investimentos mais conservadores, enquanto aqueles com maior apetite pelo risco podem buscar oportunidades de maior potencial de retorno, mesmo que isso implique maior volatilidade. Como observou Peter Lynch (1989), "o segredo para investir é determinar os riscos – e depois ser pago por eles".

## Pesquisa cuidadosa de opções de investimento

Antes de investir em qualquer produto financeiro, é essencial conduzir uma pesquisa cuidadosa. Isso pode envolver a análise de dados financeiros, o estudo das tendências do mercado, a avaliação do desempenho passado e a compreensão das perspectivas futuras. É importante considerar os custos associados aos investimentos, como taxas de administração e comissões. Como disse Benjamin Graham (1949), "o investimento bem-sucedido é sobre a gestão de riscos, não a evitar o risco".

Tomar decisões de investimento informadas é essencial para o crescimento e a proteção do patrimônio ao longo do tempo. Ao diversificar a carteira, entender o perfil de risco e retorno e conduzir uma pesquisa cuidadosa, os investidores podem maximizar suas chances de sucesso financeiro e alcançar seus objetivos de longo prazo. Portanto, é fundamental dedicar tempo e esforço para aprender sobre investimentos e tomar decisões inteligentes e fundamentadas para garantir um futuro financeiro seguro e próspero.

## Planejamento da aposentadoria: preparando-se para o futuro

A aposentadoria pode parecer distante, mas o planejamento antecipado é essencial para garantir um futuro financeiramente estável. Como disse Suze Orman (2001), "a aposentadoria não é uma idade, é uma quantia". Discutiremos estratégias para economizar para a aposentadoria, como contribuir para planos de aposentadoria, como PGBL e VGBL no Brasil, bem como a importância de diversificar os investimentos para mitigar os riscos e aumentar os retornos ao longo do tempo. Aqui estão algumas informações detalhadas sobre estratégias e considerações importantes para o planejamento da aposentadoria:

- Compreensão da importância do planejamento antecipado: é essencial começar a planejar a aposentadoria o mais cedo possível, mesmo que pareça distante. Quanto mais cedo você começar a economizar e investir, mais tempo seus fundos terão para crescer e se acumular.

- Estabelecimento de metas de aposentadoria: determine suas metas de aposentadoria com base em seu estilo de vida desejado e necessidades financeiras estimadas. Considere fatores como despesas de moradia, cuidados médicos, viagens e lazer.
- Contribuição para planos de aposentadoria: contribuir para planos de aposentadoria como PGBL (Plano Gerador de Benefício Livre) e VGBL (Vida Gerador de Benefício Livre) no Brasil é uma das maneiras mais eficazes de economizar para a aposentadoria. Esses planos oferecem benefícios fiscais e podem incluir contribuições correspondentes do empregador.
- Diversificação de investimentos: diversificar os investimentos é fundamental para mitigar os riscos e maximizar os retornos ao longo do tempo. Isso pode incluir uma variedade de ativos, como ações, títulos, fundos mútuos, imóveis e investimentos alternativos.
- Revisão periódica do plano de aposentadoria: é importante revisar regularmente seu plano de aposentadoria e ajustá-lo conforme necessário. Mudanças na vida, como casamento, nascimento de filhos, mudanças de emprego ou condições econômicas, podem exigir adaptações em seus objetivos de aposentadoria e estratégias de investimento.
- Planejamento tributário: considere os aspectos fiscais do seu plano de aposentadoria, como a forma como você planeja retirar fundos de contas de aposentadoria, para minimizar o impacto fiscal e maximizar seus recursos disponíveis durante a aposentadoria.
- Consideração de fontes alternativas de renda: além de economizar e investir, explore outras fontes de renda durante a aposentadoria, como previdência social, pensões, renda de aluguéis e investimentos adicionais.
- Planejamento de cuidados de saúde: os custos com cuidados médicos podem aumentar durante a aposentadoria. Portanto, é importante incluir uma estratégia para cobrir esses custos em seu plano de aposentadoria, seja por meio de seguro-saúde privado, planos de saúde patrocinados pelo empregador ou programas governamentais.

Ao considerar esses aspectos e adotar uma abordagem proativa para o planejamento da aposentadoria, você estará melhor preparado para alcançar suas metas financeiras e desfrutar de uma aposentadoria confortável e segura. Ressalto a importância de revisar periodicamente seu plano de aposentadoria e ajustá-lo de acordo com as mudanças em nossas vidas e nas condições econômicas, garantindo assim que estejamos no caminho certo para uma aposentadoria confortável e segura.

## Redução de dívidas: libertando-se do fardo financeiro

As dívidas podem ser um fardo esmagador, mas é possível libertar-se delas com estratégias eficazes de redução. Neste capítulo, discutiremos como enfrentar esse desafio financeiro, utilizando abordagens inteligentes e focadas para eliminar dívidas e recuperar o controle de suas finanças pessoais. Como disse Dave Ramsey (2003), "a dívida é estúpida, e os juros são tolos", e é hora de nos livrarmos desse fardo financeiro.

## Compreendendo o impacto das dívidas

Antes de iniciar o processo de redução de dívidas, é crucial compreender o impacto negativo que elas podem ter em sua vida financeira. As dívidas acumuladas podem resultar em pagamentos mensais significativos de juros, dificultando a construção de economias sólidas e prejudicando sua capacidade de alcançar metas financeiras de longo prazo, como comprar uma casa ou se aposentar confortavelmente.

## Estratégias para redução de dívidas

Existem várias estratégias eficazes para reduzir dívidas e recuperar o controle financeiro:

Consolidação de dívidas: consolidar dívidas pode simplificar seus pagamentos mensais, combinando várias dívidas em uma única, com uma taxa de juros geralmente mais baixa. Isso pode tornar mais fácil acompanhar e gerenciar seus pagamentos, facilitando a eliminação da dívida de forma mais rápida e eficiente.

Negociação de taxas de juros: entrar em contato com credores e negociar taxas de juros mais baixas pode ajudar a reduzir o custo total da dívida. Muitos credores estão dispostos a trabalhar com devedores para encontrar soluções viáveis, especialmente se houver uma demonstração de boa-fé e um plano claro para saldar a dívida.

Plano de pagamento prioritário: criar um plano de pagamento prioritário é essencial para reduzir dívidas de maneira estratégica. Isso envolve identificar quais dívidas têm as maiores taxas de juros ou os saldos mais altos e concentrar os esforços de pagamento nelas primeiro, enquanto continua a fazer pagamentos mínimos em outras dívidas.

## Mudança de comportamento financeiro

Além de adotar estratégias específicas para reduzir dívidas, é fundamental realizar uma mudança de comportamento financeiro para evitar acumular mais dívidas no futuro. Isso pode incluir criar e aderir a um orçamento, evitar gastos excessivos e viver dentro de seus meios financeiros. Como disse Suze Orman (2001), "a chave para a liberdade financeira e a paz de espírito é viver dentro de suas possibilidades".

Reduzir dívidas é um processo desafiador, mas é um passo crucial em direção à liberdade financeira e ao bem-estar financeiro. Ao utilizar estratégias inteligentes, como consolidação de dívidas, negociação de taxas de juros e elaboração de um plano de pagamento prioritário, é possível eliminar dívidas e construir um futuro financeiro mais seguro e estável. Com persistência, disciplina e foco, você pode se libertar do fardo financeiro das dívidas e conquistar uma vida de maior tranquilidade e prosperidade.

## Cultivando a educação financeira: capacitação para o futuro

A educação financeira é uma solução poderosa para alcançar estabilidade financeira a longo prazo. Como disse Robert Kiyosaki (1997), "a educação é o investimento mais poderoso que você pode fazer em si mesmo". Adotaremos recursos e ferramentas para cultivar educação financeira, como livros, cursos online, podcasts e consultores financeiros, capacitando os indivíduos a tomar decisões financeiras informadas e responsáveis ao longo da vida.

## Entendendo a importância da educação financeira

A educação financeira é muito mais do que apenas entender como equilibrar um orçamento. Ela abrange uma ampla gama de conceitos, incluindo gestão de dívidas, investimentos, planejamento de aposentadoria, impostos e muito mais. Ao compreender esses conceitos, os indivíduos podem tomar decisões financeiras mais informadas e eficazes ao longo de suas vidas, preparando-se para enfrentar desafios financeiros e aproveitar oportunidades de crescimento.

## Recursos para cultivar educação financeira

Existem muitos recursos disponíveis para quem deseja cultivar educação financeira:

- Artigos online: muitos sites especializados em finanças oferecem uma vasta gama de artigos informativos e conselhos práticos sobre como gerenciar suas finanças pessoais de forma eficaz. Explorar plataformas online confiáveis pode fornecer descobertas relevantes sobre orçamento, investimentos, economia e muito mais.
- Aplicativos financeiros: existem inúmeros aplicativos disponíveis para download que podem ajudá-lo a acompanhar seus gastos, criar orçamentos, economizar dinheiro e até mesmo investir. Alguns aplicativos populares incluem Mint, YNAB (You Need a Budget) e Personal Capital.
- Workshops e seminários: Muitas instituições financeiras, organizações comunitárias e grupos de interesse oferecem workshops e seminários presenciais ou online sobre educação financeira. Participar desses eventos pode proporcionar oportunidades de aprendizado prático e interativo, além de permitir o acesso a especialistas em finanças que podem responder às suas perguntas e fornecer orientação personalizada.
- Consultoria financeira: buscar a ajuda de um consultor financeiro pode ser uma excelente maneira de receber orientação personalizada e criar um plano financeiro adaptado às suas necessidades e objetivos específicos. Certifique-se de escolher um profissional credenciado e confiável, e esteja preparado para discutir sua situação financeira atual, metas de longo prazo e tolerância ao risco.

Ao explorar e aproveitar esses recursos, você estará dando passos importantes para fortalecer sua compreensão financeira e tomar decisões mais informadas sobre seu dinheiro e seu futuro financeiro.

## Reflexão

Cultivar educação financeira é um investimento valioso no seu futuro financeiro. Ao dedicar tempo e esforço para aprender sobre finanças pessoais, você estará equipado com as habilidades e conhecimentos necessários para tomar decisões financeiras informadas e alcançar estabilidade financeira e bem-estar a longo prazo.

# PARTE 2
# DESENVOLVIMENTO PROFISSIONAL E ÉTICA

Na área de Desenvolvimento Profissional e Ética, os tópicos focam no crescimento e imagem profissional, bem como em comportamentos éticos. Eles são essenciais para a progressão na carreira e para manter uma reputação profissional positiva e responsável.

## Planejamento de carreira e desenvolvimento profissional

Este pilar enfatiza a importância de estabelecer metas claras e desenvolver um plano de carreira estratégico para alcançá-las. Aborda a avaliação de habilidades, identificação de áreas de interesse e estabelecimento de objetivos de curto e longo prazos. Além disso, discute-se a importância de buscar oportunidades de aprendizado e desenvolvimento contínuo, como cursos, treinamentos e mentorias, para avançar na carreira de forma significativa.

## Desenvolvimento de uma marca pessoal forte

Neste pilar, é destacada a importância de cultivar uma marca pessoal forte e autêntica que diferencie os profissionais no mercado de trabalho. Isso envolve identificar e comunicar seus valores, habilidades e experiências de maneira consistente e convincente. Estratégias como a criação de um perfil profissional online, a participação em eventos da indústria e a construção de relacionamentos genuínos são exploradas para ajudar os indivíduos a construírem uma marca pessoal sólida que gere oportunidades profissionais.

## Ética nos negócios e responsabilidade social corporativa

A ética nos negócios e a responsabilidade social corporativa são cada vez mais valorizadas pelos profissionais e pelas organizações. Este pilar destaca a importância de agir com integridade, transparência e respeito em todas as interações comerciais. Também se discute a responsabilidade das empresas em contribuir positivamente para a sociedade e o meio ambiente, promovendo práticas sustentáveis, diversidade e inclusão. Estratégias para integrar princípios éticos nos processos de tomada de decisão e nas operações diárias são exploradas para criar um ambiente de trabalho ético e socialmente responsável.

Ao focar no desenvolvimento pessoal através desses pilares fundamentais os profissionais podem não só avançar em suas carreiras, mas também contribuir de maneira significativa para um ambiente de trabalho mais ético, inclusivo e sustentável. Essas competências não apenas promovem o sucesso individual, mas também ajudam a construir organizações mais resilientes e socialmente responsáveis.

# 6
# PLANEJAMENTO DE CARREIRA E DESENVOLVIMENTO PROFISSIONAL

## Introdução

O planejamento de carreira é uma jornada essencial para alcançar o sucesso profissional e pessoal. Assim como um navegador traça um curso preciso antes de partir em uma viagem, é fundamental que cada indivíduo avalie sua trajetória e estabeleça metas claras para guiar seu desenvolvimento profissional. Neste capítulo, exploraremos a importância do planejamento de carreira e discutiremos estratégias eficazes para navegar nesse caminho de forma bem-sucedida.

## Avaliação da trajetória de carreira

Antes de seguir em frente em direção ao futuro, é essencial fazer uma pausa e olhar para trás. A avaliação da trajetória de carreira é o ponto de partida fundamental para qualquer processo de planejamento profissional. Como afirmou Peter Drucker (1967), renomado consultor e escritor de administração, "o futuro não é algo que acontece, mas algo que você cria". Assim, antes de criar seu futuro, é crucial entender seu presente e passado profissional.

A avaliação da trajetória de carreira envolve uma profunda reflexão sobre as experiências profissionais acumuladas até o momento. Isso inclui não apenas os empregos ocupados, mas também os projetos realizados, as responsabilidades assumidas e os desafios enfrentados ao longo do caminho. Cada experiência, seja ela bem-sucedida ou não, contribui para moldar quem somos como profissionais e para onde queremos ir em nossa carreira.

## Identificação de pontos fortes e áreas de melhoria

Durante a avaliação da trajetória de carreira, é importante identificar não apenas os sucessos alcançados, mas também as áreas que precisam de desenvolvimento. Como disse Marcus Buckingham (2001), autor e especialista em liderança, "jogue com suas forças". Identificar e capitalizar os pontos fortes é essencial para o crescimento profissional. Ao mesmo tempo, reconhecer e abordar as áreas de melhoria é crucial para superar obstáculos e alcançar novos patamares de sucesso.

## Avaliação do alinhamento com habilidades, interesses e valores pessoais

Além de analisar o desempenho profissional, é fundamental avaliar o alinhamento entre as habilidades, interesses e valores pessoais e as demandas do mercado de trabalho. Como disse Howard Gardner (2006), psicólogo cognitivo e educacional, "a educação que ignora as diferenças de habilidade e atitude é incompatível com a igualdade". Uma carreira gratificante é aquela que não apenas faz uso das habilidades e talentos individuais, mas também ressoa com os interesses e valores pessoais do indivíduo.

Em suma, a avaliação da trajetória de carreira é uma etapa crucial no processo de planejamento profissional. Ao olhar para trás e refletir sobre as experiências passadas, identificar pontos fortes e áreas de melhoria, e avaliar o alinhamento com habilidades, interesses e valores pessoais, os profissionais podem obter perspectivas enriquecedoras que os ajudarão a moldar o futuro de suas carreiras de forma significativa e gratificante.

## Estabelecimento de metas claras

Uma vez feita a análise da trajetória profissional, surge a necessidade de traçar um caminho claro em direção ao futuro desejado. O estabelecimento de metas claras e alcançáveis é essencial para direcionar o desenvolvimento profissional de forma eficaz. Como bem destacou Brian Tracy (2003), autor e palestrante motivacional, "as metas transformam uma visão em realidade".

## Definição de metas

Para garantir que as metas estabelecidas sejam eficazes, é importante seguir a metodologia SMART, que assegura que sejam Específicas, Mensuráveis, Atingíveis, Relevantes e Temporizadas. Esse acrônimo oferece um guia claro para definir objetivos concretos e tangíveis.

Específicas: as metas devem ser claras e específicas, definindo exatamente o que se deseja alcançar. Isso evita ambiguidades e oferece uma direção clara para o desenvolvimento profissional.

Mensuráveis: as metas devem ser mensuráveis, ou seja, é necessário estabelecer critérios que permitam avaliar o progresso e o sucesso. Isso permite que os profissionais monitorem seu desempenho e ajustem suas estratégias conforme necessário.

Atingíveis: as metas devem ser desafiadoras, mas também realistas e alcançáveis. Estabelecer objetivos inatingíveis pode levar à frustração e desmotivação. Portanto, é importante definir metas que representem um desafio significativo, mas que ainda sejam possíveis de alcançar.

Relevantes: as metas devem ser relevantes para os objetivos de carreira e para o desenvolvimento profissional como um todo. Elas devem estar alinhadas com os valores, interesses e aspirações do indivíduo, garantindo que o esforço investido leve a resultados significativos e satisfatórios.

Temporizadas: as metas devem ter prazos definidos, o que proporciona um senso de urgência e mantém o foco no progresso. Definir prazos realistas ajuda a manter a motivação e a disciplina necessárias para alcançar os objetivos.

## Direcionando esforços e monitorando o progresso

Após estabelecer metas específicas e mensuráveis, é crucial direcionar os esforços de forma estratégica para alcançar esses objetivos. Isso implica concentrar energia e recursos nas atividades e iniciativas que têm maior impacto no alcance das metas estabelecidas.

## Foco nas atividades prioritárias

Ao direcionar os esforços, os profissionais devem identificar as atividades e projetos que estão diretamente alinhados com as metas traçadas. Isso significa priorizar as tarefas que têm maior relevância e contribuição para o progresso na carreira. Ao fazer escolhas conscientes sobre como investir tempo e energia, é possível maximizar a eficácia e a eficiência na busca dos objetivos profissionais.

## Avaliação de prioridades

É importante revisitar regularmente as metas estabelecidas e avaliar se as atividades atuais ainda estão alinhadas com esses objetivos. Isso requer uma análise constante das prioridades e uma disposição para fazer ajustes conforme necessário.

## Estabelecimento de prazos e critérios de avaliação

Para garantir um progresso consistente, é essencial estabelecer prazos claros para as metas e objetivos. Isso cria um senso de urgência e responsabilidade, incentivando a ação e evitando a procrastinação. Bem como definir critérios de avaliação ajuda a medir o progresso ao longo do tempo e identificar áreas que podem precisar de ajustes ou melhorias.

## Utilização de ferramentas de acompanhamento

Existem diversas ferramentas e técnicas disponíveis para auxiliar no monitoramento do progresso. Desde aplicativos de gestão de tarefas até sistemas de acompanhamento de projetos, essas ferramentas podem ajudar a manter o foco, organizar as atividades e garantir que nada seja esquecido ao longo do caminho.

## Feedback e aprendizado contínuo

Por fim, é fundamental estar aberto ao feedback e ao aprendizado contínuo durante o processo. Isso inclui solicitar feedback de colegas, mentores e supervisores, bem como avaliar regularmente o próprio desempenho. O feedback pode oferecer revelações significativas sobre áreas de força e de desenvolvimento, ajudando a ajustar a estratégia e melhorar o desempenho ao longo do tempo.

Em suma, direcionar esforços de forma eficaz e monitorar o progresso são aspectos essenciais para alcançar o sucesso no planejamento de carreira e desenvolvimento profissional. Ao focar nas atividades prioritárias, estabelecer prazos e critérios de avaliação claros, utilizar ferramentas de acompanhamento e estar aberto ao feedback, os profissionais podem maximizar suas chances de atingir seus objetivos e alcançar o sucesso em suas carreiras.

## Planejamento do desenvolvimento profissional

O desenvolvimento profissional é uma jornada contínua de aprendizado e crescimento. Para avançar em suas carreiras, os indivíduos precisam investir em seu próprio desenvolvimento, adquirindo novas habilidades e conhecimentos relevantes para sua área de atuação. Isso pode envolver a participação em cursos de capacitação, workshops, leitura de livros e networking com outros profissionais. Como disse Jim Rohn (2000), “a educação formal fará com que você viva, a autoeducação fará com que você enriqueça”.

## A importância do desenvolvimento contínuo

Em um mundo onde as mudanças ocorrem rapidamente e novas tecnologias surgem constantemente, o desenvolvimento profissional contínuo é mais do que uma vantagem competitiva – é uma necessidade. Como observou Peter Drucker (1973), “a única coisa que podemos ter certeza sobre o futuro é que será diferente”. Portanto, investir em aprendizado e crescimento contínuos é fundamental para se adaptar às demandas do mercado de trabalho em constante mudança.

## Identificação de áreas de desenvolvimento

O primeiro passo no planejamento do desenvolvimento profissional é identificar as áreas que precisam de aprimoramento. Isso pode envolver a avaliação de habilidades técnicas, competências interpessoais, conhecimento específico do setor ou qualquer outra área relevante para a carreira. Uma autoavaliação honesta e a solicitação de feedback de colegas, supervisores e mentores podem ajudar a identificar essas áreas de desenvolvimento.

## Estabelecimento de objetivos claros

Com base na identificação das áreas de desenvolvimento, é importante estabelecer objetivos claros e específicos para guiar o processo de aprendizado. Esses objetivos devem ser mensuráveis, alcançáveis, relevantes e temporizados – seguindo a metodologia SMART. Por exemplo, um objetivo específico pode ser adquirir certificação em uma nova tecnologia dentro de seis meses.

## Exploração de oportunidades de aprendizado

Uma vez estabelecidos os objetivos de desenvolvimento, é hora de explorar as diferentes oportunidades de aprendizado disponíveis. Isso pode incluir a participação em cursos de capacitação presenciais ou online, workshops, conferências, seminários, leitura de livros, webinars e até mesmo mentorias com profissionais experientes. O importante é escolher as opções que melhor atendam às necessidades e objetivos específicos de desenvolvimento.

## Criação de um plano de ação

Com as oportunidades de aprendizado identificadas, é hora de criar um plano de ação detalhado. Isso envolve a definição de um cronograma para completar cada atividade de desenvolvimento, alocando tempo e recursos necessários para alcançar os objetivos estabelecidos. Um plano de ação bem elaborado ajuda a manter o foco e a disciplina ao longo do processo de desenvolvimento.

## Avaliação e ajuste constantes

Por fim, é importante realizar avaliações regulares do progresso e ajustar o plano de desenvolvimento conforme necessário. Isso pode envolver a revisão dos objetivos, a identificação de novas oportunidades de aprendizado e a adaptação do plano de ação para garantir que ele continue alinhado com as metas de carreira e as necessidades do mercado.

Em resumo, o planejamento do desenvolvimento profissional é essencial para impulsionar o crescimento e o sucesso na carreira. Ao identificar áreas de desenvolvimento, estabelecer objetivos claros, explorar oportunidades de aprendizado, criar um plano de ação e realizar avaliações regulares, os profissionais podem garantir que estejam constantemente evoluindo e se destacando em suas áreas de atuação. Como disse Benjamin Franklin (1758), "o investimento em conhecimento sempre rende os melhores juros".

## Identificação de oportunidades de aprendizado

Além do desenvolvimento formal, é importante estar atento a oportunidades de aprendizado no ambiente de trabalho. A cada projeto, desafio ou experiência, há uma oportunidade de adquirir novas habilidades e expandir o conhecimento. Como observou Peter Senge (1990), "a aprendizagem nunca é uma coisa feita individualmente. Ela sempre acontece em grupos". Portanto, colaborar com colegas, buscar mentoria e participar de grupos de estudo são maneiras eficazes de aproveitar ao máximo as oportunidades de aprendizado no local de trabalho.

## Aprendendo com a experiência

Uma das formas mais poderosas de aprendizado é por meio da experiência prática. Ao enfrentar novos desafios e lidar com situações complexas no ambiente de trabalho, os profissionais têm a oportunidade de desenvolver habilidades e adquirir conhecimento de maneira direta e contextualizada. Como disse Albert Einstein (*in* Parry, 2022), "a única fonte do conhecimento é a experiência".

## Colaboração com colegas

Trabalhar em equipe oferece uma excelente oportunidade de aprendizado. Ao colaborar com colegas de diferentes áreas e níveis hierárquicos, os profissionais podem compartilhar conhecimentos, podem oferecer informações cruciais, trocar experiências e aprender uns com os outros. A diversidade de ideias e perspectivas enriquece o processo de aprendizado e promove o desenvolvimento profissional.

## Busca por mentoria

Buscar orientação e mentoria de profissionais mais experientes é outra maneira eficaz de aproveitar as oportunidades de aprendizado no ambiente de trabalho. Os mentores podem oferecer perspectivas enriquecedoras, compartilhar suas experiências e fornecer orientação personalizada para ajudar os profissionais a superarem desafios e alcançar seus objetivos de carreira. Como afirmou Oprah Winfrey (2001), "um mentor é alguém que permite que você veja a esperança dentro de si mesmo".

## Participação em grupos de estudo

Participar de grupos de estudo ou comunidades profissionais também pode ser uma fonte rica de aprendizado no ambiente de trabalho. Esses grupos oferecem a oportunidade de discutir tópicos relevantes, compartilhar melhores práticas e explorar novas ideias com outros profissionais que compartilham interesses semelhantes. A colaboração e o networking nessas comunidades podem levar a novas perspectivas e oportunidades de crescimento profissional.

## Desafios e projetos específicos

Cada novo projeto ou desafio enfrentado no ambiente de trabalho apresenta uma oportunidade única de aprendizado. Ao assumir responsabilidades adicionais ou trabalhar em projetos que exigem novas habilidades, os profissionais podem expandir seu conjunto de competências e adquirir conhecimentos específicos que agregam valor à sua carreira. Como disse Richard Branson (1998), "os desafios são o que tornam a vida interessante e superá-los é o que a torna significativa".

Em suma, estar atento e aproveitar as oportunidades de aprendizado que surgem no ambiente de trabalho é essencial para o desenvolvimento profissional contínuo. Ao aprender com a experiência, colaborar com colegas, buscar mentoria, participar de grupos de estudo e enfrentar novos desafios, os profissionais podem expandir seus horizontes, adquirir novas habilidades e alcançar o sucesso em suas carreiras. Como disse John F. Kennedy (1947), "aprendemos com o fracasso, não com o sucesso".

## Gerenciamento da progressão na carreira

Por fim, é importante gerenciar a progressão na carreira de forma estratégica, aproveitando as oportunidades que surgem ao longo do caminho. Isso pode envolver buscar promoções, assumir novas responsabilidades ou até mesmo mudar de emprego, se necessário. Como disse Steve Jobs (2005), "seu trabalho vai ocupar uma grande parte da sua vida, e a única maneira de estar verdadeiramente satisfeito é fazer o que você acredita ser um ótimo trabalho. E a única maneira de fazer um ótimo trabalho é amar o que você faz".

## Busca por promoções

Uma maneira comum de progredir na carreira é buscar promoções dentro da organização. Isso envolve demonstrar habilidades, competências e resultados que justifiquem a progressão para um cargo mais alto. Os profissionais devem identificar oportunidades de crescimento dentro da empresa, estabelecer metas claras e trabalhar de forma proativa para alcançá-las. No entanto, é importante lembrar que as promoções nem sempre são lineares e podem exigir paciência e persistência.

## Assumir novas responsabilidades

Além de buscar promoções formais, os profissionais podem progredir na carreira assumindo novas responsabilidades e desafios dentro de seus papéis atuais. Isso pode envolver liderar projetos importantes, participar de iniciativas de melhoria ou assumir funções de liderança em equipe. Ao ampliar seu escopo de trabalho e demonstrar capacidade de lidar com novos desafios, os profissionais podem se posicionar para futuras oportunidades de crescimento e desenvolvimento.

## Mudança de emprego

Em alguns casos, progredir na carreira pode exigir a mudança para uma nova organização. Isso pode ser motivado por uma variedade de fatores, como oportunidades limitadas de crescimento na empresa atual, busca por novos desafios ou busca por melhores condições de trabalho e remuneração. Ao considerar uma mudança de emprego, os profissionais devem avaliar cuidadosamente suas opções, pesar os prós e contras e garantir que a decisão esteja alinhada com seus objetivos de carreira a longo prazo.

## Desenvolvimento contínuo

Independentemente da abordagem escolhida para progredir na carreira, o desenvolvimento contínuo é fundamental. Isso envolve buscar oportunidades de aprendizado e crescimento, como treinamentos, cursos de capacitação e desenvolvimento de novas habilidades. Os profissionais também podem se beneficiar de mentoria e orientação de colegas mais experientes, networking estratégico e participação em comunidades profissionais.

## Autoavaliação e ajuste de rumo

Ao gerenciar a progressão na carreira, é importante realizar avaliações regulares de progresso e autoavaliação. Os profissionais devem refletir sobre seu desenvolvimento, identificar áreas de melhoria e ajustar seu plano de carreira conforme necessário. Como disse Zig Ziglar (1975), "o sucesso não é definido por posição, título ou remuneração, mas pelo sentimento de realização que vem ao alcançar suas metas".

Em resumo, gerenciar a progressão na carreira requer uma abordagem estratégica e proativa. Ao buscar promoções, assumir novas responsabilidades, considerar mudanças de emprego e investir no desenvolvimento contínuo, os profissionais podem avançar em suas carreiras e alcançar seus objetivos profissionais a longo prazo. A chave é permanecer comprometido com o crescimento pessoal e profissional e estar preparado para se adaptar às mudanças no ambiente de trabalho.

## Reflexão

O planejamento de carreira e o desenvolvimento profissional são componentes essenciais para alcançar o sucesso e a realização no mundo profissional. Ao avaliar cuidadosamente a trajetória de carreira, estabelecer metas claras, planejar o desenvolvimento profissional, identificar oportunidades de aprendizado e gerenciar a progressão na carreira de forma estratégica, os indivíduos podem navegar rumo ao sucesso com confiança e determinação.

# 7
# DESENVOLVIMENTO DE UMA MARCA PESSOAL FORTE

## Introdução

Num mundo onde a concorrência é acirrada e as impressões são formadas em segundos, a construção de uma marca pessoal sólida torna-se essencial. Neste capítulo, vamos explorar os elementos-chave para desenvolver uma marca pessoal forte e impactante que o destacará no mercado de trabalho atual.

## Definição de identidade pessoal e profissional: conheça-se para construir sua marca

Peter Drucker (2001) disse uma vez: "O mais importante na comunicação é ouvir o que não foi dito". Começaremos por entender profundamente quem somos, nossos valores, paixões, habilidades e experiências únicas. Essa autoconsciência é a base para construir uma marca pessoal autêntica e memorável. Para construir uma marca pessoal e profissional sólida é essencial começar definindo sua identidade.

Aqui estão algumas etapas importantes a serem consideradas:

- Reflexão profunda: reserve tempo para uma reflexão profunda sobre seus valores, paixões, habilidades e experiências. Pergunte-se o que realmente importa para você, quais são seus pontos fortes e no que você se destaca.
- Autoconhecimento: busque entender suas próprias motivações, aspirações e áreas de interesse. Conhecer seus pontos cegos e áreas de desenvolvimento também é fundamental para uma autoimagem precisa.
- Identificação de valores: identifique os valores que norteiam suas ações e decisões. Esses valores servirão como a base de sua marca pessoal e orientarão suas escolhas e comportamentos.
- Definição de objetivos: estabeleça objetivos claros para sua vida pessoal e carreira profissional. Esses objetivos ajudarão a orientar suas ações e definirão o rumo que você deseja seguir.

- Identificação de diferenciais: reconheça seus diferenciais e o que o torna único no mercado. Pode ser uma habilidade especial, uma experiência única ou uma perspectiva única sobre determinado assunto.
- Desenvolvimento de uma narrativa: elabore uma narrativa pessoal que transmita quem você é, o que você faz e por que isso é importante. Sua narrativa deve ser autêntica, envolvente e relevante para seu público-alvo.
- Consistência e coerência: mantenha consistência e coerência em sua comunicação e comportamento. Sua marca pessoal deve ser refletida em todos os aspectos de sua vida e carreira.
- Feedback externo: busque feedback externo de colegas, mentores e amigos de confiança. Eles podem oferecer descobertas valiosas sobre como você é percebido pelos outros e ajudá-lo a ajustar sua marca pessoal, se necessário. Ao definir sua identidade pessoal e profissional de forma clara e autêntica, você construirá uma marca pessoal sólida e memorável, que o ajudará a se destacar no mercado e alcançar seus objetivos pessoais e profissionais.

## Estratégias para gerenciar a reputação: crie uma imagem positiva

Abordaremos como gerenciar nossa reputação online e offline, mantendo uma conduta ética e profissional e cultivando relacionamentos sólidos.

Gerenciar a reputação pessoal e profissional é fundamental para o sucesso a longo prazo. Aqui estão algumas estratégias para criar e manter uma imagem positiva:

- Seja autêntico e consistente: mantenha-se fiel aos seus valores, princípios e objetivos. Seja consistente em sua conduta e comunicação, tanto online quanto offline.
- Construa relacionamentos sólidos: cultive relacionamentos genuínos e positivos com colegas, clientes, parceiros e stakeholders. O networking eficaz pode ajudar a fortalecer sua reputação e abrir novas oportunidades.
- Comunique-se de forma clara e transparente: seja transparente em sua comunicação e esteja aberto ao feedback. Mantenha uma postura honesta e ética em todas as interações.

- Gerencie sua presença online: monitore sua presença nas redes sociais e outras plataformas online. Mantenha perfis profissionais atualizados e evite postagens controversas ou inadequadas.
- Ofereça valor: busque agregar valor em todas as suas interações profissionais. Seja proativo em ajudar os outros e contribuir para o sucesso coletivo.
- Aprenda com feedback e críticas: esteja aberto a críticas construtivas e use-as como oportunidades de aprendizado e crescimento. Responda de maneira construtiva e demonstre disposição para melhorar.
- Cumpra suas promessas: cumpra seus compromissos e prazos. Seja confiável e responsável em todas as suas entregas.
- Mantenha-se atualizado e relevante: continue aprendendo e desenvolvendo suas habilidades e conhecimentos. Esteja atento às tendências do mercado e seja adaptável às mudanças.
- Gerencie conflitos com maturidade: lide com conflitos de maneira diplomática e construtiva. Mantenha a calma e busque soluções que beneficiem todas as partes envolvidas.
- Seja um modelo de integridade: aja com integridade e ética em todas as situações. Sua reputação é construída com base em suas ações e comportamentos ao longo do tempo.

Ao seguir essas estratégias, você pode criar e manter uma imagem positiva que o ajudará a alcançar seus objetivos pessoais e profissionais e a construir relacionamentos sólidos com aqueles ao seu redor.

## Estabelecimento de propósito e valores pessoais: encontre sua bússola interna

Vamos ressaltar a importância de estabelecer propósito e valores pessoais e como isso pode dar forma à nossa marca pessoal, tornando-a autêntica e significativa. Estabelecer um propósito e valores pessoais é essencial para orientar nossas escolhas, ações e comportamentos ao longo da vida.

Aqui estão algumas maneiras de encontrar sua bússola interna:

- Reflexão profunda: reserve um tempo para refletir sobre suas experiências de vida, paixões, interesses e o que realmente importa para você. Pergunte-se qual é o seu propósito na vida e quais são os valores que guiam suas decisões.

- Defina seus valores fundamentais: identifique os valores que são mais importantes para você, como honestidade, integridade, empatia, justiça, entre outros. Esses valores servirão como princípios orientadores em todas as áreas da sua vida.
- Encontre sua paixão: descubra o que o motiva e o inspira. Pergunte-se sobre os problemas ou questões que você está mais apaixonado por resolver e como você pode contribuir para tornar o mundo um lugar melhor.
- Alinhe suas ações com seus valores: certifique-se de que suas escolhas e comportamentos estão alinhados com seus valores pessoais. Isso ajudará a manter a coerência e a integridade em todas as áreas da sua vida.
- Seja autêntico: seja verdadeiro consigo mesmo e com os outros. Não comprometa seus valores ou princípios para se encaixar ou agradar aos outros. A autenticidade é fundamental para construir uma marca pessoal forte e duradoura.
- Viva de acordo com seu propósito: busque oportunidades que permitam expressar seu propósito e valores no mundo. Encontre maneiras de contribuir para sua comunidade e causar impacto positivo onde quer que esteja.

Ao estabelecer um propósito e valores pessoais claros, você se torna mais centrado, confiante e capaz de tomar decisões que estejam alinhadas com quem você realmente é. Isso não apenas moldará sua marca pessoal, mas também trará uma sensação de realização e significado à sua vida.

## Desenvolvimento de uma presença consistente e autêntica: seja coerente, seja você mesmo

Zig Ziglar (1975) disse: "Você nunca terá uma segunda chance para causar uma primeira impressão". Discutiremos como criar uma presença visual e verbal coesa, garantindo que nossas ações estejam alinhadas com nossos valores e propósito. Consistência e autenticidade são as chaves para uma marca pessoal forte e duradoura.

Desenvolver uma presença consistente e autêntica é fundamental para construir uma marca pessoal forte e duradoura. Aqui estão algumas estratégias para alcançar isso:

- Conheça sua identidade: antes de tudo, compreenda quem você é, quais são seus valores, paixões e objetivos. Isso servirá como a base da sua presença autêntica.
- Defina sua narrativa pessoal: desenvolva uma história pessoal que transmita sua jornada, valores e aspirações de forma autêntica e inspiradora.
- Alinhe sua comunicação: garanta que sua comunicação verbal e não verbal esteja alinhada com sua identidade e mensagem pessoal. Seja consistente em sua linguagem, tom de voz e estilo de comunicação.
- Mantenha sua integridade: aja de acordo com seus valores e princípios em todas as situações. Sua integridade é essencial para construir confiança e credibilidade em sua presença.
- Demonstre coerência: seja consistente em todas as suas interações e atividades, tanto online quanto offline. Isso inclui suas postagens nas redes sociais, seu comportamento no local de trabalho e suas interações pessoais.
- Mostre autenticidade: seja verdadeiro consigo mesmo e com os outros. Não tente ser quem você não é apenas para impressionar os outros. A autenticidade é uma qualidade poderosa que atrai conexões genuínas.
- Cuide da sua imagem: sua aparência e presença visual também desempenham um papel importante na construção de uma marca pessoal consistente. Escolha roupas e estilo que reflitam sua personalidade e valores.
- Seja persistente: construir uma presença consistente e autêntica leva tempo e esforço. Seja persistente e dedicado em sua jornada para refinar e aprimorar sua marca pessoal ao longo do tempo.
- Receba feedback: esteja aberto a receber feedback construtivo de amigos, colegas e mentores sobre sua presença e como você é percebido pelos outros. Use isso como uma oportunidade de crescimento e melhoria contínua.
- Evolua com integridade: à medida que você cresce e evolui, mantenha-se fiel a si mesmo e aos seus valores. Adapte sua presença conforme necessário, mas sempre mantendo a autenticidade e a consistência.

Ao desenvolver uma presença consistente e autêntica, você constrói uma base sólida para sua marca pessoal, estabelecendo confiança e conexões genuínas com os outros. Isso não apenas o diferencia, mas também o posiciona para o sucesso em sua vida pessoal e profissional.

## Reflexão

Neste capítulo, exploramos como construir e fortalecer sua marca pessoal no mundo competitivo de hoje. Ao definir sua identidade pessoal e profissional, gerenciar sua reputação, estabelecer propósito e valores pessoais e desenvolver uma presença consistente e autêntica, você pode comunicar eficazmente sua marca pessoal e alcançar o sucesso na carreira. Ao investir no desenvolvimento dessa marca pessoal, você se diferenciará da concorrência, criará oportunidades e alcançará seus objetivos com confiança e autenticidade. Sua marca pessoal não é apenas uma descrição de quem você é, mas uma promessa de valor para aqueles ao seu redor.

# 8
# ÉTICA NOS NEGÓCIOS E RESPONSABILIDADE SOCIAL CORPORATIVA

## Introdução

Na era moderna dos negócios, a ética e a responsabilidade social corporativa não são apenas conceitos louváveis, mas sim pilares fundamentais para uma carreira de sucesso e uma empresa sustentável. Neste capítulo, destacaremos a importância desses princípios, suas ramificações para os negócios e a sociedade, e como eles moldam a tomada de decisões e a cultura organizacional.

## Ética nos negócios: tomando decisões com integridade

Ressaltaremos a importância da ética nos negócios e como tomar decisões com integridade pode impactar significativamente a reputação e o sucesso de uma organização. Abordaremos conceitos fundamentais de ética empresarial, como respeito aos stakeholders, transparência, honestidade e busca pelo bem comum, além de discutir estratégias para promover uma cultura ética dentro das organizações.

## Entendendo a ética nos negócios

Peter Drucker, em sua obra seminal "The effective executive" (1967), destaca que "a moralidade não é apenas uma questão de fazer a coisa certa, mas de tomar decisões difíceis quando ninguém está olhando". No contexto empresarial, a ética nos negócios vai além do simples cumprimento das leis e regulamentos. Envolve tomar decisões moralmente corretas, mesmo quando isso pode não ser a opção mais fácil ou lucrativa a curto prazo. Discutiremos como a ética nos negócios implica respeitar os direitos dos stakeholders, agir com integridade e responsabilidade e buscar o bem comum em todas as interações comerciais.

## Respeito aos stakeholders

As empresas têm uma variedade de stakeholders, incluindo funcionários, clientes, fornecedores, acionistas e a comunidade em geral. Tomar decisões éticas nos negócios significa considerar o impacto dessas decisões em todas as partes interessadas envolvidas. Como observou Mahatma Gandhi (1927), "o verdadeiro teste de nossa integridade é o que fazemos quando ninguém está nos observando". Abordaremos estratégias para equilibrar as necessidades e interesses dos stakeholders e tomar decisões que beneficiem a todos, não apenas a uma parte.

## Transparência e honestidade

A transparência e a honestidade são fundamentais para construir e manter a confiança dos stakeholders. Como disse Warren Buffett (1997), "leva 20 anos para construir uma reputação e cinco minutos para arruiná-la". Abordaremos a importância de comunicar abertamente informações relevantes e agir com honestidade em todas as interações comerciais. Além disso, discutiremos como empresas transparentes e honestas tendem a atrair clientes fiéis, funcionários engajados e investidores confiantes.

## Busca pelo bem comum

As empresas têm um papel importante a desempenhar na construção de uma sociedade mais justa e sustentável. Como observou John F. Kennedy (1961), "não pergunte o que seu país pode fazer por você, pergunte o que você pode fazer por seu país". Discutiremos como as empresas podem contribuir para o bem comum, adotando práticas de responsabilidade social corporativa, apoiando iniciativas comunitárias e buscando soluções para desafios sociais e ambientais.

## Promovendo uma cultura ética

Uma cultura ética começa no topo da organização e se estende a todos os níveis. Os líderes empresariais desempenham um papel crucial ao estabelecer o tom e os valores éticos da empresa. Como observou Howard Schultz (1997), "a maneira como você lidera é a maneira como você vive". Abordaremos estratégias para promover uma cultura ética dentro das organizações, incluindo a definição de padrões éticos claros, a educação dos funcionários sobre questões éticas e a criação de canais de denúncia seguros para relatar comportamentos antiéticos.

A ética nos negócios é mais importante do que nunca. Ao tomar decisões com integridade, respeitar os direitos dos stakeholders, agir com transparência e honestidade e buscar o bem comum em todas as interações comerciais, as empresas podem não apenas evitar escândalos e danos à reputação, mas também construir relacionamentos sólidos e duradouros com seus clientes, funcionários e comunidade em geral.

## Cultivando uma cultura ética organizacional

Veremos a importância de cultivar uma cultura ética dentro das organizações. Abordaremos como os líderes podem estabelecer o tom, promover valores éticos e criar um ambiente onde a integridade seja valorizada e praticada por todos os membros da equipe.

## O papel dos líderes na construção da cultura ética

Como mencionado, uma cultura ética começa no topo. Os líderes são os modelos a serem seguidos e estabelecem o padrão para o comportamento ético dentro da organização. Como disse Jeff Bezos (2013), fundador da Amazon, "fazemos o que dizemos, quando dizemos que o faremos. E se não pudermos, explicamos por quê". Os líderes éticos demonstram consistência entre suas palavras e ações, promovendo confiança e respeito entre os membros da equipe.

## Promovendo a comunicação aberta e a prestação de contas

Uma cultura ética também valoriza a comunicação aberta e a prestação de contas. Os funcionários devem se sentir confortáveis em relatar preocupações éticas sem medo de retaliação. Promover canais de comunicação seguros e incentivar os funcionários a levantar questões éticas é fundamental para identificar e resolver problemas antes que eles se tornem grandes crises. Outro ponto fundamental é estabelecer sistemas de prestação de contas claros para garantir que todos sejam responsáveis por suas ações.

## Fornecendo treinamento contínuo em ética

O treinamento em ética é essencial para garantir que todos os membros da equipe entendam os valores e padrões éticos da organização. Isso pode incluir sessões de treinamento regulares, workshops sobre dilemas éticos e orientação individualizada sobre como lidar com situações éticas complexas. Ao investir no desenvolvimento ético de seus funcionários, as organizações demonstram seu compromisso com uma cultura de integridade e responsabilidade.

Uma cultura ética não apenas protege a reputação e os valores de uma organização, mas também promove um ambiente de trabalho positivo e produtivo. Ao cultivar uma cultura onde a integridade é valorizada e praticada por todos, as organizações podem construir relacionamentos sólidos com clientes, funcionários e partes interessadas, além de contribuir para uma sociedade mais justa e sustentável como um todo.

## Responsabilidade social corporativa: contribuindo para o bem-estar da sociedade

Vamos enfatizar a importância da responsabilidade social corporativa (RSC) e como ela pode impactar positivamente a sociedade. Discutiremos o significado da RSC, os benefícios para as empresas e a comunidade, e exemplos de práticas eficazes de responsabilidade social.

### O significado da responsabilidade social corporativa

A responsabilidade social corporativa (RSC) é o compromisso das empresas de agirem de forma ética e contribuírem para o desenvolvimento sustentável da sociedade. Isso vai além do objetivo de maximizar os lucros e considera o impacto das atividades empresariais em áreas como o meio ambiente, comunidade, direitos humanos e diversidade. Como destacado por Howard Schultz (1997), ex-CEO da Starbucks, "a Starbucks é comprometida em fornecer café produzido eticamente e respeitar os direitos humanos em todos os lugares onde faz negócios".

### Benefícios da responsabilidade social corporativa

Empresas que adotam práticas de RSC geralmente experimentam uma série de benefícios. Isso inclui uma reputação melhorada da marca, maior lealdade do cliente, maior engajamento dos funcionários e atração de talentos. Contribuir para causas sociais e ambientais pode resultar em um impacto positivo tangível na comunidade, promovendo o desenvolvimento sustentável e melhorando a qualidade de vida das pessoas.

### Exemplos de práticas de responsabilidade social corporativa

Existem muitas maneiras pelas quais as empresas podem praticar a responsabilidade social corporativa. Isso pode incluir a adoção de práticas ambientalmente sustentáveis, como redução da pegada de carbono, reciclagem e conservação de recursos naturais. As empresas podem se envolver em atividades de voluntariado corporativo, apoiar organizações sem fins lucrativos e instituições de caridade locais e promover a diversidade e a inclusão dentro da organização.

A responsabilidade social corporativa é fundamental para construir um futuro sustentável e inclusivo. Ao adotar práticas éticas e sustentáveis, as empresas não apenas beneficiam a sociedade como um todo, mas também fortalecem sua própria reputação e posição no mercado. Portanto, é essencial que as empresas reconheçam sua responsabilidade para com a comunidade e tomem medidas concretas para contribuir para o bem-estar de todos.

## Transparência e integridade profissional: construindo confiança e credibilidade

Evidenciaremos a importância da transparência e da integridade profissional nos negócios e como esses elementos fundamentais contribuem para a construção da confiança e credibilidade. Discutiremos o significado de transparência e integridade, seu impacto nos relacionamentos comerciais e estratégias para promovê-los dentro das organizações.

### O significado de transparência e integridade profissional

A transparência refere-se à abertura e honestidade em todas as comunicações e operações comerciais. Significa fornecer informações claras, precisas e completas sobre as atividades da empresa, suas políticas, práticas e desempenho. Por outro lado, a integridade profissional envolve agir de maneira ética, honesta e consistente com os valores e padrões morais aceitos.

### Impacto nos relacionamentos comerciais

A transparência e a integridade são essenciais para construir e manter relacionamentos comerciais sólidos e duradouros. Quando as empresas operam com transparência, os clientes, fornecedores, investidores e outros stakeholders podem confiar que estão sendo tratados de forma justa e ética. Isso cria uma base de confiança mútua que sustenta colaborações de longo prazo e parcerias bem-sucedidas.

### Estratégias para promover transparência e integridade

Para promover a transparência e a integridade dentro de uma organização, é necessário adotar uma abordagem proativa. Isso pode incluir a implementação de políticas e procedimentos claros que regem a conduta ética, a comunicação aberta e honesta em todos os níveis da organização e a prestação de contas por ações e decisões. Programas de treinamento em ética e canais de denúncia confidenciais podem incentivar uma cultura de responsabilidade e transparência.

A transparência e a integridade profissional são pilares essenciais para a construção de relacionamentos comerciais confiáveis e duradouros. Ao operar com transparência e agir com integridade em todas as interações comerciais, as empresas podem fortalecer sua reputação, ganhar a confiança dos stakeholders e estabelecer uma base sólida para o sucesso a longo prazo. Portanto, é imperativo que as organizações incorporem esses valores em sua cultura corporativa e práticas comerciais diárias.

## Reflexão

Em um mundo cada vez mais interconectado e consciente, a ética nos negócios e a responsabilidade social corporativa são mais do que simples ideais – são imperativos para o sucesso a longo prazo. Empresas e profissionais que adotam esses princípios não apenas criam um ambiente de trabalho mais positivo e ético, mas também contribuem para uma sociedade mais justa, sustentável e próspera para as gerações futuras. Ao fazer escolhas éticas e socialmente responsáveis, estamos construindo o futuro que desejamos ver.

# PARTE 3
# COMUNICAÇÃO E RELACIONAMENTO

Na área de Comunicação e Relacionamento, os tópicos envolvem comunicação e interação com outras pessoas, habilidades críticas para criar e manter boas relações no ambiente profissional.

## Habilidades de comunicação eficaz

A comunicação eficaz é a pedra angular de qualquer relacionamento profissional bem-sucedido. Este pilar enfatiza a importância de transmitir informações de forma clara, concisa e persuasiva, tanto verbalmente quanto por escrito. Inclui técnicas para melhorar a escuta ativa, expressão de ideias de forma clara e impactante, e adaptação da mensagem ao público-alvo. Ainda, aborda a importância da comunicação não verbal, como linguagem corporal e expressões faciais, para transmitir mensagens com eficácia.

## Desenvolvimento de habilidades interpessoais

As habilidades interpessoais são essenciais para construir relacionamentos positivos e colaborativos no ambiente de trabalho. Este pilar aborda a importância da empatia, da inteligência emocional e da capacidade de trabalhar em equipe. Explora técnicas para desenvolver relacionamentos interpessoais sólidos, como construção de confiança, respeito mútuo e habilidades de resolução de conflitos.

## Gerenciamento de conflitos e negociação

Conflitos são inevitáveis em qualquer ambiente de trabalho, mas saber gerenciá-los de forma construtiva é fundamental para manter a harmonia e promover o progresso. Este fundamento discute estratégias para lidar com conflitos de forma eficaz, incluindo a identificação das causas subjacentes, a comunicação aberta e a busca por soluções mutuamente benéficas, e trata das técnicas de negociação para alcançar acordos satisfatórios para todas as partes envolvidas.

## Networking e construção de relacionamentos profissionais

O networking e a construção de relacionamentos profissionais são fundamentais para expandir oportunidades de carreira e acesso a recursos valiosos. Este pilar explora estratégias para criar e manter uma rede de contatos sólida, incluindo participação em eventos da indústria, utilização de plataformas de mídia social profissional e cultivo de relacionamentos autênticos. Outrossim, aborda a importância de oferecer apoio e agregar valor aos contatos de rede para fortalecer os laços profissionais.

Ao desenvolver habilidades de comunicação eficaz e cultivar relacionamentos positivos, os profissionais podem construir uma rede sólida de contatos, resolver conflitos de forma construtiva e colaborar de maneira eficaz com colegas e clientes. Essas competências são essenciais para alcançar o sucesso profissional e promover um ambiente de trabalho harmonioso e produtivo.

# 9
# HABILIDADES DE COMUNICAÇÃO EFICAZ

## Introdução

A comunicação verbal e não verbal desempenha um papel fundamental na transmissão eficaz de mensagens. Como disse Paul Watzlawick (1967), "não é possível não comunicar". Por exemplo, um gesto simples como um sorriso pode transmitir empatia e abertura durante uma conversa. Da mesma forma, uma linguagem corporal tensa pode transmitir desconforto ou desinteresse. Devemos melhorar a consciência e o controle sobre esses aspectos da comunicação para garantir que nossas mensagens sejam recebidas da maneira desejada.

## Comunicação verbal e não verbal

A comunicação verbal refere-se às palavras que usamos para transmitir nossas mensagens. Isso inclui o tom de voz, o vocabulário escolhido, a clareza da expressão e a capacidade de articulação. Para garantir uma comunicação verbal eficaz, é importante ser claro e conciso em nossas palavras, escolhendo o vocabulário apropriado para o público-alvo e mantendo um tom de voz que transmita confiança e respeito. De modo que é fundamental praticar a escuta ativa, demonstrando interesse genuíno no que os outros têm a dizer e respondendo de maneira apropriada.

A comunicação não verbal envolve gestos, expressões faciais, postura corporal e contato visual. Esses sinais podem transmitir uma quantidade significativa de informações sobre nossos pensamentos, sentimentos e intenções, muitas vezes de forma mais poderosa do que as palavras. Por exemplo, um aperto de mão firme pode transmitir confiança e assertividade, enquanto um olhar evasivo pode sugerir falta de confiança ou desonestidade. É importante estar ciente de nossos próprios sinais não verbais e interpretar corretamente os sinais dos outros para garantir uma comunicação eficaz e evitar mal-entendidos.

Melhorar a consciência e o controle sobre nossa comunicação verbal e não verbal requer prática e atenção deliberada. Isso pode envolver técnicas como gravar vídeos de si mesmo durante apresentações ou interações sociais para analisar sua linguagem corporal e expressão facial, ou praticar exercícios de respiração e relaxamento para controlar o nervosismo e a tensão durante a comunicação. É útil solicitar feedback de colegas, mentores ou treinadores para identificar áreas de melhoria e desenvolver estratégias para aprimorar sua comunicação.

A eficácia da comunicação verbal e não verbal pode variar dependendo do contexto cultural, social e situacional. É importante adaptar sua comunicação para atender às necessidades e expectativas específicas do público-alvo e do ambiente em que você está operando. Isso pode incluir ajustar seu tom de voz, gestos e expressões faciais para refletir as normas e expectativas culturais locais ou modificar sua linguagem e estilo de comunicação para se adequar a diferentes situações profissionais ou sociais.

Ao aprimorar nossa consciência e controle sobre nossa comunicação verbal e não verbal, podemos nos tornar comunicadores mais eficazes e influentes. Ao prestar atenção aos sinais que enviamos e recebemos, adaptando nossa comunicação ao contexto e praticando técnicas para melhorar nossa expressão verbal e não verbal, podemos garantir que nossas mensagens sejam compreendidas e recebidas da maneira desejada, fortalecendo relacionamentos e facilitando o sucesso em todas as áreas da vida.

## Escrita profissional

A habilidade de escrever de forma clara, concisa e profissional é uma competência valiosa em qualquer contexto profissional. Como William Zinsser disse em seu livro "On writing well" (2016), "a escrita melhora à medida que é cortada". Neste tópico, indicaremos as técnicas para redigir e-mails, relatórios e documentos profissionais de maneira clara e concisa. Isso inclui a importância da organização lógica, escolha de vocabulário apropriado e revisão cuidadosa para evitar erros e ambiguidades.

A chave para uma escrita eficaz é uma organização lógica e coesa das ideias. Antes de começar a escrever, é útil criar um esboço ou plano para organizar suas ideias de forma clara e sequencial. Comece com uma introdução que estabeleça o propósito e o contexto do documento, seguida por seções bem definidas que abordem os pontos-chave de maneira ordenada e lógica. Finalize com uma conclusão que recapitule os principais pontos e forneça uma perspectiva ou ação a ser tomada.

A escolha do vocabulário adequado é essencial para garantir que sua escrita seja clara, precisa e adequada ao público-alvo. Evite jargões ou linguagem técnica desnecessária que possa alienar ou confundir os leitores. Em vez disso, opte por palavras simples e acessíveis que transmitam suas ideias de maneira direta e compreensível. Se necessário, defina termos técnicos ou complexos para garantir que todos os leitores possam acompanhar.

A revisão é uma etapa crítica no processo de escrita profissional. Reserve tempo para revisar cuidadosamente seu trabalho, procurando por erros gramaticais, ortográficos ou de pontuação, bem como por ambiguidades ou inconsistências na lógica ou no argumento. Leia o documento em voz alta para identificar problemas de fluência ou coesão e peça a um colega ou mentor para revisá-lo e fornecer feedback adicional. Quanto mais cuidadosa for a revisão, melhor será o produto.

Na escrita profissional, menos muitas vezes é mais. Busque ser claro e conciso em sua comunicação, evitando redundâncias, frases longas e desnecessárias e detalhes irrelevantes. Concentre-se em transmitir suas ideias de forma direta e eficiente, mantendo o foco nos pontos-chave e eliminando qualquer excesso de palavras ou informações que possam obscurecer sua mensagem.

Considere o formato e a audiência ao escrever documentos profissionais. Por exemplo, um e-mail para um colega pode ser mais casual e direto do que um relatório formal para um cliente ou superior. Adapte seu tom, estilo e conteúdo para atender às expectativas e necessidades específicas de seus leitores, garantindo que sua mensagem seja recebida da maneira desejada.

Ao dominar as técnicas de escrita profissional, você pode comunicar suas ideias de forma clara, concisa e eficaz, fortalecendo sua credibilidade e impacto no ambiente de trabalho. Ao organizar logicamente suas ideias, escolher um vocabulário apropriado, revisar cuidadosamente seu trabalho e garantir clareza e concisão em sua comunicação, você pode criar documentos profissionais que informem, persuadam e inspirem seus colegas, clientes e superiores.

## Escuta ativa

A escuta ativa é uma habilidade essencial para uma comunicação eficaz. Como disse Stephen Covey (1989): “A maioria das pessoas não ouve com a intenção de entender; elas ouvem com a intenção de responder”. Existem técnicas para se tornar um ouvinte mais atento e compreensivo. Isso inclui fazer perguntas claras e relevantes para esclarecer pontos importantes, repetir e resumir as informações recebidas para garantir entendimento mútuo e demonstrar empatia e compreensão durante as interações.

Fazer perguntas claras e relevantes: uma parte fundamental da escuta ativa é fazer perguntas claras e relevantes para esclarecer pontos importantes e obter uma compreensão mais profunda do que está sendo comunicado. Isso envolve fazer perguntas abertas que incentivem a outra pessoa a compartilhar suas ideias e perspectivas, bem como fazer perguntas de acompanhamento para explorar áreas específicas em mais detalhes. Ao fazer perguntas, é importante ouvir atentamente as respostas e evitar interromper ou assumir o controle da conversa.

Repetir e resumir as informações recebidas: outra técnica importante de escuta ativa é repetir e resumir as informações recebidas para garantir entendimento mútuo. Isso envolve parafrasear as principais ideias e pontos levantados pela outra pessoa para demonstrar que você está ouvindo atentamente e compreendendo o que está sendo comunicado. Repetir e resumir também ajuda a esclarecer mal-entendidos e reforçar a conexão entre as partes envolvidas na conversa.

Demonstrar empatia e compreensão: além de ouvir ativamente as palavras da outra pessoa, é importante demonstrar empatia e compreensão por suas emoções e sentimentos. Isso envolve prestar atenção não apenas ao que está sendo dito, mas também ao tom de voz, linguagem corporal e expressões faciais da outra pessoa para captar pistas sobre seu estado emocional. Demonstrar empatia e compreensão pode ajudar a fortalecer o relacionamento e construir confiança durante a interação.

Eliminar distrações e demonstrar respeito: por fim, para praticar a escuta ativa de forma eficaz, é importante eliminar distrações e demonstrar respeito pela pessoa que está falando. Isso significa desligar dispositivos eletrônicos, manter contato visual e evitar interrupções durante a conversa. Demonstrar respeito pela outra pessoa e pelo que ela está dizendo mostra que você valoriza sua opinião e está comprometido em compreender suas necessidades e preocupações.

Ao praticar a escuta ativa, você pode melhorar significativamente suas habilidades de comunicação e fortalecer seus relacionamentos pessoais e profissionais. Ao fazer perguntas claras e relevantes, repetir e resumir as informações recebidas, demonstrar empatia e compreensão e eliminar distrações e mostrar respeito, você pode se tornar um ouvinte mais eficaz e construir conexões mais profundas e significativas com os outros.

## Comunicação intercultural

A comunicação intercultural é cada vez mais importante em um mundo globalizado. Como Geert Hofstede (1983) destacou em sua pesquisa sobre dimensões culturais, diferentes culturas têm valores, crenças e comportamentos distintos que influenciam a forma como se comunicam. Vamos discutir estratégias para superar barreiras culturais na comunicação, como adaptar a linguagem e o estilo de comunicação para atender às necessidades do público multicultural, demonstrar sensibilidade cultural e construir pontes entre diferentes culturas.

Compreender as diferenças culturais: o primeiro passo para uma comunicação intercultural eficaz é compreender as diferenças culturais entre os indivíduos ou grupos envolvidos na interação. Isso inclui familiarizar-se com as normas culturais, valores, crenças e tradições que podem influenciar a forma como as pessoas se comunicam e interpretam as mensagens. Ao reconhecer e respeitar essas diferenças, podemos evitar mal-entendidos e conflitos durante a comunicação intercultural.

Adaptar a linguagem e o estilo de comunicação: uma vez que entendemos as diferenças culturais, é importante adaptar nossa linguagem e estilo de comunicação para atender às necessidades do público multicultural. Isso pode envolver o uso de linguagem simples e direta, evitando gírias ou jargões que possam não ser compreendidos por todos, e ajustando nosso tom e estilo de comunicação para ser mais formal ou informal, conforme apropriado. Ao adaptar nossa comunicação ao contexto cultural, podemos garantir que nossas mensagens sejam recebidas e compreendidas da maneira desejada.

Demonstrar sensibilidade cultural: a sensibilidade cultural é essencial para uma comunicação intercultural bem-sucedida. Isso envolve estar consciente de nossos próprios preconceitos e estereótipos culturais, bem como demonstrar respeito e interesse genuíno pela cultura e perspectivas dos outros. Ao mostrar curiosidade e abertura para aprender sobre diferentes culturas, podemos construir conexões mais profundas e significativas com pessoas de origens culturais diversas.

Construir pontes entre culturas: por fim, o objetivo da comunicação intercultural é construir pontes entre culturas e promover a compreensão mútua e a colaboração. Isso pode envolver a busca ativa de oportunidades para interagir e colaborar com pessoas de diferentes origens culturais, participar de eventos culturais ou atividades de intercâmbio cultural e trabalhar em projetos ou iniciativas que promovam a diversidade e inclusão. Ao construir pontes entre culturas, podemos criar um ambiente mais inclusivo e harmonioso onde todas as vozes são ouvidas e valorizadas.

Em um mundo globalizado, a comunicação intercultural é essencial para o sucesso pessoal e profissional. Ao compreender e respeitar as diferenças culturais, adaptar nossa linguagem e estilo de comunicação, demonstrar sensibilidade cultural e construir pontes entre culturas, podemos superar barreiras e construir conexões mais fortes e significativas com pessoas de todo o mundo.

## Comunicação virtual

Com o aumento do trabalho remoto e das equipes globais, a comunicação virtual tornou-se uma parte essencial do ambiente de trabalho moderno. Como Tim Ferriss (2007) disse, "muitas vezes, as pessoas não estão ouvindo você, elas estão esperando para falar". Vamos utilizar técnicas para comunicação eficaz por e-mail, videoconferência e outras plataformas virtuais. Isso inclui a importância de clareza, concisão e etiqueta virtual para garantir que as mensagens sejam entendidas e bem recebidas em um contexto digital.

E-mails profissionais: os e-mails são uma ferramenta de comunicação amplamente utilizada no ambiente de trabalho virtual. Para garantir uma comunicação eficaz por e-mail, é importante ser claro e conciso em sua comunicação. Utilize uma linha de assunto descritiva e direta para chamar a atenção do destinatário e inclua apenas as informações essenciais no corpo do e-mail. Evite usar jargões ou linguagem ambígua e sempre revise sua mensagem antes de enviá-la para garantir precisão e profissionalismo.

Videoconferências: as videoconferências são uma maneira eficaz de se comunicar com colegas e clientes em diferentes locais geográficos. Ao participar de uma videoconferência, é importante garantir uma conexão estável à internet e um ambiente tranquilo e livre de distrações. Faça contato visual com os participantes, mantenha uma postura corporal aberta e esteja preparado para contribuir de forma ativa para a discussão. Por outro lado, evite interrupções desnecessárias e respeite o tempo de fala de cada participante para garantir uma comunicação eficaz e produtiva.

Outras plataformas virtuais: além de e-mails e videoconferências, existem muitas outras plataformas virtuais que podem ser utilizadas para comunicação no ambiente de trabalho, como chats instantâneos, redes sociais corporativas e ferramentas de colaboração online. Ao utilizar essas plataformas, é importante seguir as diretrizes de etiqueta virtual, como manter um tom profissional, responder prontamente às mensagens e respeitar a privacidade e os limites dos colegas.

Clareza, concisão e etiqueta virtual: em todas as formas de comunicação virtual, é fundamental priorizar a clareza, a concisão e a etiqueta virtual. Isso inclui evitar mensagens longas e confusas, utilizar uma linguagem clara e direta e seguir as normas de etiqueta virtual, como responder a e-mails e mensagens de forma oportuna e respeitosa, e evitar o uso excessivo de letras maiúsculas ou emoticons. Ao adotar essas práticas, podemos garantir que nossas mensagens sejam entendidas e bem recebidas por nossos colegas e clientes no mundo digital.

Em um mundo cada vez mais virtual, a comunicação eficaz é essencial para o sucesso pessoal e profissional. Ao dominar as técnicas de comunicação por e-mail, videoconferência e outras plataformas virtuais, e priorizar a clareza, concisão e etiqueta virtual em todas as interações, podemos construir relacionamentos sólidos, promover a colaboração e alcançar nossos objetivos no ambiente de trabalho digital.

## Reflexão

Neste capítulo, enfatizamos a importância das habilidades de comunicação eficaz para o sucesso na carreira. Desde a comunicação verbal e não verbal até a escrita profissional, escuta ativa, comunicação intercultural e comunicação virtual, cada aspecto é fundamental para construir relacionamentos profissionais sólidos, transmitir mensagens com clareza e influenciar positivamente os outros em qualquer ambiente profissional. Ao dominar essas habilidades, os profissionais podem se destacar e alcançar o sucesso em suas carreiras.

# 10
# DESENVOLVIMENTO DE HABILIDADES INTERPESSOAIS

## Introdução

As habilidades interpessoais são a cola que une os indivíduos em relacionamentos significativos e produtivos. Neste capítulo, desbravaremos as habilidades interpessoais, explorando a inteligência emocional, como cultivar empatia, trabalhar efetivamente em equipe, influenciar de forma ética, colaborar de maneira eficaz e construir relacionamentos sólidos como alicerce para o sucesso pessoal e profissional.

## Autoconhecimento: a jornada para dentro de si mesmo

O autoconhecimento é a base da inteligência emocional. Como disse Sócrates, "conhece-te a ti mesmo". Discutiremos técnicas para explorar e compreender nossas próprias emoções, identificando padrões de pensamento e comportamento que moldam nossas interações com o mundo ao nosso redor.

Nessa jornada, a prática da auto-observação desempenha um papel fundamental. Através da meditação e do mindfulness, desenvolvemos a capacidade de observar nossos pensamentos e emoções sem julgamento, ganhando conhecimentos sobre nossos padrões comportamentais e reações automáticas. Assim, manter um diário de reflexão nos oferece um recurso de grande eficácia para registrar nossos pensamentos, emoções e experiências diárias, permitindo uma análise posterior para identificar padrões e tendências.

A exploração de valores e crenças também é essencial nesse processo. Ao questionarmos nossos valores, crenças e motivações, podemos entender melhor nossas preferências, metas e objetivos na vida, obtendo clareza sobre o que é realmente importante para nós. Por isso, buscar feedback honesto e construtivo de amigos, familiares ou colegas de confiança nos proporciona uma perspectiva externa sobre nossos pontos fortes, áreas de melhoria e como somos percebidos pelos outros.

Reconhecer e nomear nossas emoções é outro passo crucial no autoconhecimento. Ao praticarmos a identificação e a nomeação das emoções que estamos experimentando, aumentamos nossa consciência emocional, o que nos permite uma compreensão mais profunda de como as emoções influenciam nosso comportamento. Refletir sobre situações desafiadoras ou conflitos também nos ajuda a entender melhor nossas reações emocionais e a identificar estratégias para lidar com essas situações de forma mais eficaz no futuro.

O desenvolvimento da autocompaixão é uma parte importante desse processo. Cultivar a autocompaixão envolve tratar-nos com bondade e compaixão, especialmente em momentos de dificuldade ou autocrítica. Isso nos ajuda a desenvolver uma relação mais positiva e compassiva conosco mesmos, reconhecendo e aceitando nossas imperfeições e limitações como parte integrante do processo de crescimento pessoal. Lembre-se de que a jornada do autoconhecimento é contínua e cada pessoa a percorre em seu próprio ritmo. Através da prática constante e da autorreflexão, podemos desenvolver uma compreensão mais profunda de nós mesmos e cultivar uma vida mais autêntica e gratificante.

## Autorregulação: o equilíbrio entre a reação e a resposta

A habilidade de autorregulação é fundamental para enfrentar as complexidades do dia a dia, como Viktor Frankl (1946) tão eloquentemente expressou: "Entre o estímulo e a resposta há um espaço. Nesse espaço está nossa liberdade e nosso poder de escolha". Realçaremos algumas técnicas valiosas para desenvolver e aprimorar essa habilidade.

A conscientização emocional é o primeiro passo. Praticar mindfulness pode ajudar a desenvolver essa conscientização emocional, permitindo que reconheçamos e compreendamos nossas próprias emoções e reações sem julgamento. Aprender a observar os sinais físicos de estresse, como batimentos cardíacos acelerados ou tensão muscular, pode nos ajudar a identificar quando estamos começando a perder o controle emocional.

Gerenciar o estresse também é essencial. Praticar técnicas de respiração profunda pode reduzir os níveis de estresse e promover a calma e a clareza mental em momentos de tensão. Incorporar exercícios de relaxamento, como ioga, meditação ou alongamento, em nossa rotina diária pode aliviar o estresse acumulado e restaurar o equilíbrio emocional.

A resiliência emocional é outra faceta importante da autorregulação. Desenvolver a capacidade de identificar e desafiar pensamentos negativos ou distorcidos pode promover uma perspectiva mais otimista e resiliente diante dos desafios. Cultivar uma mentalidade de gratidão e buscar o lado positivo das situações pode fortalecer nossa resiliência emocional e nos ajudar a enfrentar adversidades com mais facilidade.

Por fim, é crucial adotar estratégias de autorregulação em nossa vida diária. Antes de reagir impulsivamente a uma situação estressante, reservar um momento para fazer uma pausa, respirar fundo e refletir sobre a melhor maneira de responder de maneira calma e construtiva pode ser extremamente benéfico. Estabelecer limites saudáveis e aprender a dizer "não" quando necessário também pode proteger nossa energia e reduzir o estresse causado pelo excesso de compromissos.

Ao desenvolver a habilidade de autorregulação, capacitamo-nos a lidar de forma mais eficaz com os desafios da vida, mantendo a calma e a clareza mental mesmo diante das adversidades. É importante lembrar que esse é um processo contínuo e que cada pequeno passo em direção ao autocontrole emocional contribui para uma vida mais equilibrada e gratificante.

## Prática da empatia: o dom da compreensão

A prática da empatia é um dom essencial para a comunicação eficaz e para estabelecer relacionamentos interpessoais significativos. Segundo Stephen Covey (1989), "a empatia é ouvir com os olhos, ouvir com os olhos da outra pessoa". Neste capítulo, valorizaremos a importância da empatia e técnicas práticas para cultivá-la em nossas interações diárias.

Empatia envolve a habilidade de se colocar no lugar do outro, compreendendo seus sentimentos, perspectivas e preocupações. Não se trata apenas de ouvir ativamente o que a outra pessoa está dizendo, mas também de reconhecer e validar suas emoções. Quando praticamos a empatia, construímos pontes de compreensão e conexão com os outros, promovendo relacionamentos mais saudáveis e significativos.

Existem várias técnicas que podemos usar para cultivar a empatia em nossas interações diárias. Uma delas é ouvir ativamente, demonstrando total atenção à pessoa que está falando, mantendo contato visual, acenando com a cabeça e fazendo perguntas claras para demonstrar interesse genuíno em compreender sua perspectiva. Outra técnica é expressar interesse genuíno pelas preocupações e experiências dos outros, sendo fundamental para cultivar a empatia. Isso pode ser feito fazendo perguntas abertas, como "O que isso significa para você?" ou "Como você se sente em relação a isso?".

Praticar a perspectiva empática também é essencial. Tentar ver as situações do ponto de vista da outra pessoa ajuda a desenvolver empatia, exigindo que imaginemos como nos sentiríamos se estivéssemos na mesma situação e considerando as experiências e emoções da outra pessoa. Assim, reconhecer e validar as emoções das outras pessoas é uma parte importante da empatia, expressando compreensão e empatia pelas emoções que estão sendo sentidas, mesmo que não concordemos com elas.

Praticar a empatia traz uma série de benefícios, tanto para nós mesmos quanto para os outros. Para os indivíduos, isso pode promover relacionamentos mais gratificantes, melhorar a comunicação e reduzir conflitos. Para as organizações, uma cultura empática pode levar a um ambiente de trabalho mais colaborativo, criativo e produtivo.

Em suma, a empatia é uma habilidade poderosa que nos permite compreender melhor os outros, fortalecer relacionamentos e promover a harmonia nas interações humanas. Ao praticar a empatia no dia a dia, podemos criar um mundo mais compassivo, no qual a compreensão e a conexão florescem. Além do mais, trabalhar em equipe eficazmente requer habilidades de comunicação e colaboração, envolvendo estratégias para garantir uma comunicação clara e aberta, resolver conflitos de forma construtiva e reconhecer e valorizar as contribuições únicas de cada membro da equipe.

## Técnicas de influência e persuasão: a arte da persuasão ética

A capacidade de influenciar e persuadir os outros é fundamental em qualquer ambiente profissional. Discutiremos técnicas para influenciar de forma ética, incluindo a apresentação de argumentos convincentes, o uso de histórias envolventes e a adaptação da abordagem às necessidades individuais. Como disse Dale Carnegie (1936), "a única maneira de influenciar as outras pessoas é falar sobre o que elas querem e mostrar a elas como conseguir".

Uma técnica fundamental na arte da persuasão é a apresentação de argumentos convincentes e fundamentados. Isso envolve fornecer evidências sólidas, fatos relevantes e dados consistentes para sustentar o ponto de vista ou a proposta apresentada. Ao fundamentar nossas ideias em informações confiáveis e relevantes, aumentamos a credibilidade de nossos argumentos, tornando-os mais persuasivos.

As histórias têm o poder único de cativar a atenção e tocar as emoções das pessoas. Ao incorporar narrativas envolventes em nossa comunicação persuasiva, podemos criar uma conexão emocional com nosso público-alvo, tornando nossas mensagens mais memoráveis e impactantes. As histórias podem ilustrar os benefícios de uma determinada ideia, demonstrar casos de sucesso ou até mesmo apelar para os valores compartilhados, reforçando assim a persuasão de forma ética.

Cada pessoa é única, com suas próprias preocupações, interesses e valores. Portanto, uma abordagem persuasiva eficaz deve ser adaptada às necessidades individuais de cada interlocutor. Isso requer a capacidade de ouvir atentamente, compreender as preocupações e expectativas da outra parte e ajustar nossa mensagem de acordo. Ao demonstrar empatia e mostrar que estamos genuinamente interessados no bem-estar dos outros, construímos uma base sólida para a persuasão ética.

Em síntese, a arte da persuasão ética envolve a habilidade de apresentar argumentos convincentes, envolver emocionalmente o público por meio de histórias cativantes e adaptar nossa abordagem às necessidades individuais das pessoas envolvidas. Ao praticar essas técnicas com integridade e respeito, podemos influenciar positivamente os outros e alcançar resultados significativos no ambiente profissional, sempre buscando o benefício mútuo e o respeito pelas escolhas individuais.

## Colaboração efetiva: alinhando esforços para o sucesso comum

A colaboração eficaz é essencial para alcançar objetivos compartilhados. Exploraremos estratégias para trabalhar de forma colaborativa, incluindo o compartilhamento aberto de ideias e informações, a construção de consenso e a resolução construtiva de conflitos. Como disse Margaret Mead (1979), "nunca duvide que um pequeno grupo de pessoas conscientes e comprometidas possa mudar o mundo".

Uma colaboração eficaz começa com o compartilhamento aberto de ideias e informações entre os membros da equipe. Isso envolve criar um ambiente seguro e inclusivo, no qual todos se sintam encorajados a contribuir com suas perspectivas únicas. Ao promover uma cultura de transparência e comunicação aberta, podemos enriquecer o processo de tomada de decisão e fortalecer os laços de confiança dentro da equipe.

Para alcançar o sucesso comum, é essencial construir consenso em torno das decisões e metas da equipe. Isso requer a disposição de ouvir atentamente as opiniões de todos os membros, buscar áreas de acordo e comprometer-se a encontrar soluções que atendam aos interesses de todos. Ao cultivar um ambiente de respeito mútuo e abertura ao diálogo, podemos criar uma base sólida para a colaboração e o progresso conjunto.

Conflitos inevitavelmente surgem em qualquer ambiente colaborativo. No entanto, o sucesso da colaboração depende da capacidade da equipe de lidar com esses conflitos de maneira construtiva e produtiva. Isso envolve reconhecer e abordar os conflitos de forma oportuna, ouvir todas as partes envolvidas com empatia e buscar soluções que promovam o entendimento mútuo e o fortalecimento dos relacionamentos interpessoais.

Ao adotar essas estratégias e princípios fundamentais, podemos promover uma colaboração efetiva que alinha os esforços individuais em direção ao sucesso comum. Ao trabalharmos juntos de maneira colaborativa e comprometida, podemos alcançar grandes feitos e superar desafios com determinação e resiliência.

## Construção de relacionamentos: a base para o sucesso duradouro

A construção de relacionamentos sólidos é essencial para alcançar o sucesso pessoal e profissional. Em todas as esferas da vida, os relacionamentos formam a base para colaborações frutíferas, apoio mútuo e crescimento pessoal. Neste contexto, discutiremos a importância de cultivar relacionamentos sólidos e estratégias para fortalecê-los ao longo do tempo.

A confiança e o respeito são os alicerces de qualquer relacionamento significativo. Para construir relacionamentos sólidos, é fundamental demonstrar integridade, transparência e consistência em nossas ações. Isso significa cumprir promessas, ser honesto em nossas comunicações e respeitar as necessidades e opiniões dos outros. Ao cultivar um ambiente de confiança e respeito mútuos, podemos estabelecer bases sólidas para relacionamentos duradouros e significativos.

A reciprocidade é outra pedra angular dos relacionamentos bem-sucedidos. Ao oferecer apoio, assistência e valor aos outros, criamos um ciclo de troca positiva que fortalece os laços interpessoais. Isso envolve estar disposto a ajudar os outros em suas jornadas, compartilhar conhecimentos e recursos e demonstrar gratidão e apreço por suas contribuições. Ao praticar a reciprocidade, construímos relacionamentos mais profundos e significativos, baseados em uma troca equitativa de energia e recursos.

É importante cultivar parcerias colaborativas em nossas interações profissionais. Isso envolve trabalhar em conjunto com colegas, clientes e parceiros de negócios para alcançar objetivos compartilhados e resolver desafios complexos. Ao adotar uma abordagem de cooperação e colaboração, podemos aproveitar a diversidade de perspectivas e habilidades para encontrar soluções inovadoras e alcançar resultados excepcionais.

Ao implementar essas estratégias de construção de relacionamentos, podemos fortalecer nossas conexões interpessoais e criar uma base sólida para o sucesso duradouro. Como disse Zig Ziglar (1975), "você pode ter tudo na vida que quiser, se ajudar o suficiente outras pessoas a conseguirem o que elas querem". Ao investir no desenvolvimento de relacionamentos sólidos e significativos, podemos criar um ambiente de apoio e colaboração que nos impulsiona em direção aos nossos objetivos pessoais e profissionais com confiança e determinação.

## Reflexão

Neste capítulo, mostramos as habilidades essenciais para o desenvolvimento de relacionamentos interpessoais significativos. Ao praticar a empatia, trabalhar efetivamente em equipe, influenciar de forma ética, colaborar eficazmente e construir relacionamentos sólidos, podemos estabelecer conexões que impulsionam o sucesso em todas as áreas de nossas vidas. Ao dominar essas habilidades, podemos construir uma rede de relacionamentos positivos e produtivos, ajudando-nos a alcançar nossos objetivos e realizar nosso pleno potencial.

# 11
# GERENCIAMENTO DE CONFLITOS E NEGOCIAÇÃO

## Introdução

No cenário dinâmico do ambiente profissional, conflitos inevitavelmente surgem. No entanto, a habilidade de gerenciar esses conflitos de forma construtiva e negociar acordos mutuamente benéficos é crucial para o sucesso individual e organizacional. Neste capítulo, abordaremos a gestão de conflitos e negociação, explorando técnicas e estratégias para transformar desentendimentos em oportunidades de crescimento e colaboração.

## Identificação de conflitos: desvendando os sinais ocultos

Para uma gestão eficaz de conflitos, o primeiro passo é identificar os sinais ocultos que indicam a presença de potenciais desentendimentos. Como disse Stephen Covey (1989), "a força está na conscientização do problema, não na sua posse". Neste capítulo, especificaremos técnicas para identificar conflitos latentes antes que se tornem problemas significativos, aprendendo a reconhecer os sinais comuns de conflito e as fontes potenciais de discordância no local de trabalho.

Os conflitos muitas vezes começam de forma sutil, com sinais ocultos que podem passar despercebidos se não estivermos atentos. Esses sinais podem incluir mudanças no comportamento dos colaboradores, como aumento da tensão, falta de comunicação ou diminuição da produtividade. Observar conflitos entre equipes, falta de cooperação ou competição excessiva também pode indicar a presença de conflitos latentes que precisam ser abordados.

Uma das principais fontes de conflito no local de trabalho é a comunicação ineficaz. Quando as pessoas não se sentem ouvidas ou compreendidas, os mal-entendidos podem se transformar em conflitos. Portanto, prestar atenção à qualidade da comunicação entre os membros da equipe e identificar problemas de comunicação são atitudes fundamentais para detectar conflitos em estágio inicial.

Outro sinal de conflito são as divergências de opinião e interesses entre os membros da equipe ou entre diferentes departamentos. Quando as pessoas têm diferentes visões sobre como as coisas devem ser feitas ou quando seus interesses entram em conflito, isso pode levar a tensões e atritos. Portanto, estar atento a essas divergências e abordá-las proativamente pode ajudar a evitar que conflitos maiores surjam no futuro.

Por fim, é essencial manter um monitoramento ativo do ambiente de trabalho para identificar quaisquer sinais de conflito que possam surgir. Isso requer estar atento aos sinais comportamentais, padrões de comunicação e dinâmicas de equipe que podem indicar a presença de conflitos latentes. Quanto mais cedo os conflitos forem identificados, mais fácil será resolvê-los e evitar que se intensifiquem.

Ao aprender a identificar os sinais ocultos de conflito, podemos agir de forma proativa para resolver desentendimentos antes que se transformem em problemas significativos. Ao observar cuidadosamente os comportamentos, padrões de comunicação e dinâmicas de equipe, podemos detectar conflitos latentes e abordá-los de forma eficaz, promovendo um ambiente de trabalho saudável e produtivo. Portanto, vamos abraçar a conscientização como resposta para a gestão eficaz de conflitos, capacitando-nos a resolver diferenças e promover a colaboração no local de trabalho.

## Técnicas de resolução de conflitos: construindo pontes para a paz

Uma vez identificados, os conflitos exigem abordagens cuidadosas e estratégias eficazes para uma resolução que promova a colaboração e a harmonia. Neste capítulo, apresentaremos uma variedade de técnicas, desde abordagens colaborativas até estratégias de ganha-ganha, que visam a encontrar soluções mutuamente benéficas e construir pontes para a paz. Como disse Margaret Heffernan (2011), "para resolver conflitos, precisamos nos tornar bons ouvintes".

Uma técnica eficaz de resolução de conflitos é a comunicação não violenta (CNV), que se concentra em cultivar empatia e compreensão entre as partes envolvidas. Ao praticar a escuta ativa, expressar sentimentos e necessidades de forma clara e construtiva, e buscar soluções que atendam às necessidades de ambas as partes, a CNV ajuda a reduzir a hostilidade e a promover uma comunicação mais harmoniosa.

Outra técnica eficaz é a negociação colaborativa, que busca encontrar soluções de ganha-ganha que atendam às necessidades e interesses de todas as partes envolvidas. Por meio do diálogo aberto e da exploração de interesses subjacentes, as partes podem identificar áreas de acordo e criar soluções que beneficiem a todos, promovendo relacionamentos mais saudáveis e produtivos.

A mediação é uma técnica em que uma terceira parte imparcial facilita o diálogo entre as partes em conflito, ajudando-as a encontrar soluções mutuamente aceitáveis. O mediador ajuda a manter o foco no problema em questão, facilita a comunicação construtiva e encoraja a colaboração, permitindo que as partes cheguem a um acordo de forma voluntária e cooperativa.

Por fim, o confronto construtivo é uma técnica que envolve abordar o conflito diretamente, de maneira respeitosa e assertiva. Ao expressar preocupações de forma clara e objetiva, ouvir atentamente as perspectivas dos outros e buscar soluções em conjunto, as partes podem resolver desentendimentos de forma proativa, fortalecendo os relacionamentos e promovendo um ambiente de trabalho mais positivo.

Ao empregar técnicas eficazes de resolução de conflitos, podemos construir pontes para a paz e promover relacionamentos mais saudáveis e produtivos no local de trabalho. Seja através da comunicação não violenta, negociação colaborativa, mediação ou confronto construtivo, o objetivo é encontrar soluções que atendam às necessidades e interesses de todas as partes envolvidas, criando um ambiente onde a colaboração e a harmonia prosperem. Portanto, vamos abraçar essas técnicas como ferramentas poderosas para resolver conflitos e promover uma cultura de paz e respeito mútuo.

## Comunicação não violenta: a arte de construir pontes

A comunicação não violenta é uma abordagem transformadora que promove a compreensão mútua, a conexão e a resolução pacífica de conflitos. Nas palavras de Marshall B. Rosenberg (1999), seu fundador, a CNV é "a maneira de estar no mundo com empatia, generosidade, coragem e amor". Conheceremos os princípios da CNV e como ela pode ser uma poderosa ferramenta na construção de pontes entre as pessoas.

A CNV se baseia em quatro componentes-chave: observação objetiva, expressão de sentimentos, identificação de necessidades e formulação de pedidos. Começamos observando fatos sem julgamento ou interpretação. Em seguida, expressamos nossos sentimentos de maneira honesta e autêntica, sem culpar os outros. Identificamos então as necessidades subjacentes por trás desses sentimentos, reconhecendo as necessidades de todas as partes envolvidas. Por fim, formulamos pedidos claros e específicos que levam em consideração as necessidades de todos os envolvidos, promovendo a colaboração e o entendimento mútuo.

Um aspecto fundamental da CNV é a expressão de sentimentos e necessidades de forma compassiva e autêntica. Ao comunicar nossos sentimentos sem atribuir culpa aos outros e identificar as necessidades que estão por trás desses sentimentos, criamos um espaço de vulnerabilidade e empatia que promove a compreensão mútua e a conexão genuína.

Além de expressar nossos próprios sentimentos e necessidades, a CNV também nos ensina a ouvir ativamente e demonstrar empatia pelos outros. Isso significa estar presente e totalmente engajado na escuta, buscando compreender os sentimentos e necessidades dos outros com uma mente aberta e sem julgamento. Ao mostrar empatia e validar os sentimentos dos outros, podemos construir confiança e promover um ambiente de comunicação aberta e respeitosa.

Ao adotar os princípios da CNV, podemos construir pontes entre as pessoas, mesmo em situações de conflito. Ao reconhecer e validar os sentimentos e necessidades de todas as partes envolvidas, podemos criar um espaço onde a compreensão mútua e a busca por soluções colaborativas se tornam possíveis. A CNV nos capacita a transformar conflitos em oportunidades de crescimento e conexão, promovendo relacionamentos mais saudáveis e construtivos.

A comunicação não violenta é mais do que uma simples técnica de comunicação; é uma forma de ser e estar no mundo com empatia, compaixão e autenticidade. Ao aplicar os princípios da CNV em nossas interações diárias, podemos construir pontes entre as pessoas, promover a compreensão mútua e transformar conflitos em oportunidades de crescimento e conexão. Vamos abraçar a CNV como uma poderosa ferramenta na construção de relacionamentos mais saudáveis, harmoniosos e significativos.

## Estratégias de negociação: alcançando acordos satisfatórios

Negociar é uma habilidade essencial em diversos aspectos da vida, desde resolver conflitos pessoais até fechar grandes acordos comerciais. Neste capítulo, indicaremos estratégias para conduzir negociações eficazes, visando a alcançar acordos que atendam aos interesses de todas as partes envolvidas.

O primeiro passo para uma negociação bem-sucedida é definir metas claras e realistas. Isso envolve identificar seus objetivos específicos e os resultados desejados da negociação. Ao ter uma compreensão clara do que você deseja alcançar, você pode orientar suas estratégias e táticas para se aproximar desses objetivos de maneira eficaz.

Uma negociação eficaz muitas vezes se baseia na identificação de interesses comuns entre as partes envolvidas. Em vez de se concentrar apenas nas demandas e posições de cada lado, é importante explorar os interesses subjacentes que podem ser compartilhados. Ao encontrar áreas de acordo e compreender as necessidades e preocupações das outras partes, você pode construir uma base sólida para um acordo mutuamente benéfico.

Uma abordagem colaborativa para a negociação envolve a criação de opções que beneficiem todas as partes envolvidas. Isso requer criatividade e flexibilidade para gerar soluções que atendam aos interesses de todos os envolvidos. Ao explorar diferentes alternativas e considerar diferentes cenários, você pode encontrar uma variedade de opções que possam levar a um acordo satisfatório para todos.

A comunicação eficaz desempenha um papel fundamental na negociação. Isso envolve ouvir ativamente, fazer perguntas claras e assertivas e expressar seus pontos de vista de forma clara e respeitosa. Construir relacionamentos positivos e de confiança com as outras partes pode facilitar o processo de negociação e aumentar a probabilidade de alcançar um acordo satisfatório.

Uma estratégia-chave na negociação é focar nos interesses por trás das posições de cada parte, em vez de se prender rigidamente a essas posições. Isso significa estar disposto a explorar diferentes opções e comprometer-se em busca de um resultado que atenda aos interesses de todos, em vez de se concentrar apenas em defender sua própria posição a todo custo.

Negociar é uma arte que requer habilidade, paciência e comprometimento. Ao adotar estratégias como definição de metas claras, identificação de interesses comuns, criação de opções mutuamente benéficas e foco em resultados, você pode aumentar suas chances de alcançar acordos satisfatórios em qualquer situação de negociação. Lembre-se sempre de que a negociação é uma forma de resolver diferenças e buscar soluções que beneficiem a todos os envolvidos.

## Compromisso e colaboração: construindo relações duradouras

Na resolução de conflitos, o compromisso e a colaboração desempenham papéis essenciais. Neste capítulo, vamos reafirmar a importância de encontrar soluções que atendam às necessidades de todas as partes envolvidas, promovendo o entendimento mútuo e fortalecendo relacionamentos profissionais.

Um dos principais aspectos da colaboração eficaz é a capacidade de compreender as necessidades e preocupações de todas as partes envolvidas no conflito. Isso requer empatia e abertura para ouvir ativamente as perspectivas dos outros e considerar suas necessidades de maneira genuína.

Em vez de adotar uma abordagem de ganha-perde, onde uma parte sai vitoriosa e a outra derrotada, a colaboração busca soluções de win-win, onde todas as partes envolvidas saem beneficiadas. Isso envolve a busca por opções criativas e inovadoras que atendam aos interesses de todas as partes de forma equitativa.

A colaboração eficaz também promove o entendimento mútuo entre as partes envolvidas no conflito. Isso significa comunicar de forma clara e aberta, compartilhar informações relevantes e construir uma base de confiança que permita a cooperação e a busca por soluções compartilhadas.

Além de resolver o conflito imediato, a colaboração também tem o poder de fortalecer os relacionamentos profissionais a longo prazo. Ao demonstrar disposição para trabalhar em conjunto para resolver diferenças e alcançar objetivos comuns, as partes envolvidas podem construir uma base sólida para relacionamentos duradouros e mutuamente benéficos.

Em um mundo onde os conflitos são inevitáveis, a colaboração se destaca como um mecanismo eficiente para resolver diferenças e construir relacionamentos duradouros. Ao comprometer-se com a busca por soluções de win-win, promover o entendimento mútuo e fortalecer os relacionamentos profissionais, podemos transformar conflitos em oportunidades de crescimento e colaboração. Lembre-se sempre de que a colaboração é a chave para o crescimento e o sucesso mútuos.

## Reflexão

Ao concluir nossa jornada pela gestão de conflitos e negociação, entendemos que essas habilidades são âncoras essenciais para o sucesso em qualquer ambiente profissional. Ao identificar conflitos, aplicar técnicas eficazes de resolução, praticar a comunicação não violenta, empregar estratégias de negociação e valorizar o compromisso e a colaboração, podemos transformar conflitos em oportunidades de crescimento e colaboração. Ao dominar essas habilidades, promovemos uma cultura de trabalho mais harmoniosa e produtiva, onde todos podem prosperar e alcançar seu pleno potencial.

# 12
# NETWORKING E CONSTRUÇÃO DE RELACIONAMENTOS PROFISSIONAIS

## Introdução

O networking eficaz e a construção de relacionamentos profissionais sólidos são as pedras fundamentais do sucesso em qualquer campo. Neste capítulo, desbravaremos a essência do networking estratégico, explorando técnicas para desenvolver conexões significativas, aproveitar plataformas de networking e criar uma presença online e offline que fortaleça sua rede profissional.

## Importância do networking: a força dos vínculos profissionais

Começaremos discutindo a importância do networking como um catalisador para o avanço profissional. Como Adam Rifkin (2013) disse, "o networking é a arte de fazer amigos antes de precisar deles". Abordaremos como o networking oferece oportunidades de aprendizado, colaboração, orientação, desenvolvimento de negócios e progresso na carreira.

O networking oferece uma plataforma para criar oportunidades significativas. Ao interagir com colegas de trabalho, líderes de setor e outros profissionais, temos a chance de aprender sobre novas tendências, oportunidades de carreira, projetos interessantes e possíveis parcerias de negócios. Essas conexões podem abrir portas para oportunidades que talvez não estivessem disponíveis de outra forma.

O networking facilita a colaboração e a troca de conhecimento. Ao se envolver em comunidades profissionais, grupos de interesse e eventos da indústria, podemos compartilhar ideias, experiências e melhores práticas com outros profissionais. Essas interações não apenas enriquecem nosso próprio conhecimento, mas também fortalecem os laços com os colegas e promovem um ambiente de apoio e cooperação.

Outro benefício significativo do networking é a oportunidade de receber orientação e mentoria de profissionais mais experientes. Ao estabelecer relacionamentos com mentores e conselheiros, podemos obter entendimentos profundos sobre o crescimento profissional, desenvolvimento de habilidades e tomada de decisões de carreira. Esses mentores podem oferecer orientação personalizada e conselhos práticos que nos ajudam a navegar pelos desafios e oportunidades ao longo de nossa jornada profissional.

Além disso, o networking é fundamental para o desenvolvimento de negócios e a aquisição de clientes. Ao expandir nossa rede de contatos, aumentamos nossa visibilidade no mercado e criamos oportunidades para promover nossos produtos, serviços ou habilidades. O boca a boca e as referências de networking podem ser extremamente poderosos na geração de novos negócios e na construção de uma reputação sólida no mercado.

Em resumo, o networking é muito mais do que uma atividade social superficial; é um recurso indispensável para impulsionar o sucesso profissional e pessoal. Ao investir tempo e energia na construção e manutenção de relacionamentos significativos, podemos criar uma rede de apoio forte e diversificada que nos ajuda a alcançar nossos objetivos e avançar em direção ao sucesso com confiança e determinação.

## Desenvolvimento de relacionamentos genuínos: construindo conexões duradouras

Apresentaremos técnicas para cultivar relacionamentos profissionais genuínos e autênticos. Isso incluirá estratégias para iniciar conversas de maneira natural, demonstrar interesse sincero pelos outros, manter contato regularmente e oferecer ajuda e suporte sempre que possível. Como Dale Carnegie (1936) disse, "o principal objetivo de fazer amigos é tentar ser um amigo digno".

Os relacionamentos genuínos formam a base de uma rede de apoio sólida, oferecendo suporte emocional, oportunidades de crescimento pessoal e profissional e um senso de pertencimento e comunidade. Portanto, essas conexões autênticas ajudam a promover um ambiente de trabalho positivo e colaborativo, facilitando a comunicação eficaz, a resolução de problemas e a realização de objetivos comuns.

## Estratégias para cultivar relacionamentos autênticos

Iniciar conversas de maneira natural: abordar as pessoas com uma atitude aberta e positiva, fazendo perguntas abertas e demonstrando interesse genuíno por suas experiências e opiniões.

Demonstrar interesse genuíno: ouça atentamente o que os outros têm a dizer, mostrando empatia e compreensão. Mostre interesse nas suas histórias, experiências e aspirações.

Manter contato regularmente: cultive relacionamentos por meio de interações regulares, como e-mails, telefonemas, reuniões ou encontros sociais. Demonstre cuidado e interesse, mesmo quando não há uma agenda específica para discutir.

Oferecer ajuda e suporte: esteja disposto a oferecer ajuda e suporte sempre que possível, seja fornecendo conselhos, compartilhando recursos ou oferecendo assistência prática. Mostre-se como um recurso confiável e solidário.

A chave para construir relacionamentos genuínos é praticar a autenticidade e a empatia em todas as interações. Isso significa ser verdadeiro consigo mesmo e com os outros, compartilhando suas próprias experiências, valores e vulnerabilidades de forma aberta e honesta. Por isso, é importante colocar-se no lugar do outro, tentando compreender suas perspectivas, sentimentos e necessidades.

Ao cultivar relacionamentos genuínos, estamos investindo em um dos ativos mais valiosos da vida: conexões humanas significativas. Esses relacionamentos não apenas enriquecem nossas vidas pessoais e profissionais, mas também nos ajudam a navegar pelos desafios da vida com maior resiliência, apoio e compreensão mútua. Portanto, busquemos construir conexões autênticas, pois são elas que nos sustentarão ao longo de nossa jornada.

## Utilização de plataformas de networking: aproveitando ao máximo as oportunidades digitais e reais

Abordaremos como utilizar efetivamente as plataformas de networking online e offline. Isso incluirá técnicas para otimizar perfis em redes sociais profissionais, participar ativamente de eventos de networking e utilizar ferramentas online para expandir sua rede e se conectar com profissionais relevantes em sua área de atuação.

### O poder das plataformas de networking:

- Online e offline: as plataformas de networking abrangem tanto o ambiente digital quanto o presencial. Enquanto as redes sociais profissionais como LinkedIn oferecem oportunidades online, eventos de networking e conferências fornecem um espaço para interações cara a cara.
- Otimização de perfis: ao utilizar plataformas online, é crucial otimizar nosso perfil para destacar nossas habilidades, experiências e realizações. Isso inclui ter uma foto profissional, uma descrição cla-

ra e concisa de nossas habilidades e experiências e a utilização de palavras-chave relevantes para nossa área de atuação.

- Participação ativa: não basta apenas ter um perfil – é importante participar ativamente da comunidade. Isso envolve compartilhar conteúdo relevante, participar de grupos de discussão, comentar em postagens de outros profissionais e enviar mensagens personalizadas para iniciar conversas.
- Presença em eventos: participar de eventos de networking presenciais é uma excelente oportunidade para conhecer novas pessoas e estabelecer conexões significativas. Esteja presente em conferências, workshops, feiras de emprego e outros eventos relacionados à sua área de atuação.
- Utilizando ferramentas online: pesquisa de perfis: utilize ferramentas de pesquisa avançada em plataformas como LinkedIn para encontrar profissionais relevantes em sua área. Filtre os resultados por localização, setor, cargo e outras categorias para identificar as pessoas certas para se conectar.
- Conexões estratégicas: ao enviar convites para se conectar, personalize suas mensagens e demonstre interesse genuíno em estabelecer uma relação de benefício mútuo. Ofereça algo de valor ou compartilhe um interesse em comum para iniciar uma conversa significativa.
- Mantenha-se atualizado: mantenha seu perfil e atividades atualizados nas plataformas de networking. Compartilhe regularmente conteúdo relevante, participe de discussões e esteja aberto a novas oportunidades de conexão.

As plataformas de networking oferecem uma infinidade de oportunidades para expandir nossa rede de contatos, aprender com os outros e avançar em nossa carreira. Ao utilizar essas ferramentas de forma estratégica, podemos aproveitar ao máximo as oportunidades digitais e reais, construindo relacionamentos significativos e impulsionando nosso sucesso profissional.

## Presença online e offline: construindo sua marca pessoal

Ter uma presença online e offline forte é essencial para construir uma marca pessoal sólida e sustentável. Mostraremos como você pode gerenciar sua presença nos dois ambientes e fortalecer sua rede profissional. Como Jeff

Bezos (2013) disse, "sua marca é o que as pessoas dizem sobre você quando você não está na sala".

## Aqui exploraremos algumas técnicas de construção e fortalecimento de uma presença online

Gerenciamento de perfis: cuide da sua presença nas redes sociais profissionais, como LinkedIn, e outras plataformas relevantes para sua área. Mantenha seus perfis atualizados, com informações precisas sobre sua experiência, habilidades e realizações.

Compartilhamento de conteúdo: compartilhe regularmente conteúdo relevante e valioso relacionado à sua área de atuação. Isso pode incluir artigos, notícias do setor e conquistas pessoais. Mostre sua expertise e mantenha-se relevante para sua rede.

Participação em grupos e comunidades: junte-se a grupos e comunidades profissionais online onde você pode interagir com outros profissionais da sua área, compartilhar conhecimentos e fazer networking. Contribua ativamente para as discussões e ofereça ideias significativas.

Demonstração de expertise: publique conteúdo original, como artigos, vídeos ou podcasts, demonstrando sua expertise e perspectivas únicas sobre temas relevantes para sua indústria. Isso ajuda a construir sua reputação como um líder de pensamento em sua área.

Networking em eventos profissionais: participe de eventos presenciais relevantes para sua área de atuação, como conferências, seminários e workshops. Esteja preparado para conhecer novas pessoas, trocar ideias e expandir sua rede de contatos.

Apresentações e palestras: procure oportunidades para falar em eventos profissionais ou acadêmicos. Apresentar-se como um especialista em sua área pode aumentar sua visibilidade e credibilidade entre seus pares e potenciais empregadores.

Participação em associações e grupos locais: envolver-se em associações profissionais locais e grupos de interesse pode proporcionar oportunidades de networking valiosas e ajudá-lo a construir relacionamentos significativos dentro da sua comunidade.

Mentoria e coaching: considere buscar mentoria ou coaching de profissionais mais experientes em sua área. Além de oferecer orientação e apoio, esses relacionamentos podem ajudá-lo a expandir sua rede e abrir portas para novas oportunidades.

Ao combinar uma presença online e offline estratégica, você pode construir uma marca pessoal forte e impactante. Ao compartilhar seu conhecimento, participar ativamente de comunidades profissionais e demonstrar sua expertise, você fortalecerá sua rede profissional, aumentando suas chances de sucesso em sua carreira. Lembre-se sempre da importância de cultivar uma reputação sólida e autêntica, afinal, sua marca pessoal é o que as pessoas dizem sobre você quando você não está presente.

## Reflexão

Neste capítulo, detalhamos as técnicas essenciais para o networking eficaz e a construção de relacionamentos profissionais sólidos. Ao entender a importância do networking, desenvolver relacionamentos genuínos, aproveitar plataformas de networking e cultivar uma presença online e offline, os profissionais podem expandir suas oportunidades de carreira e alcançar o sucesso em seus empreendimentos profissionais. Ao dominar essas habilidades, podemos construir uma rede sólida de contatos que nos apoie e nos ajude a alcançar nossos objetivos profissionais e pessoais.

# PARTE 4
# LIDERANÇA E GESTÃO

Na área de Liderança e Gestão, as competências estão relacionadas à liderança e à capacidade de gerenciar pessoas e recursos de maneira eficaz.

## Gestão de equipe e liderança de pessoas

Este pilar destaca a importância de desenvolver habilidades de liderança para inspirar, motivar e guiar os membros da equipe em direção aos objetivos comuns. Explora técnicas de liderança transformacional, coaching e feedback construtivo para maximizar o desempenho da equipe e aborda a importância de cultivar um ambiente de trabalho inclusivo, onde todos os membros da equipe se sintam valorizados e capacitados a contribuir com suas habilidades e ideias.

## Gestão de projetos

A gestão de projetos é essencial para garantir que os objetivos sejam alcançados de forma eficiente e dentro dos prazos e orçamentos estabelecidos. Este pilar discute as melhores práticas para planejar, executar e monitorar projetos, incluindo a definição de metas claras, alocação de recursos adequados e identificação e mitigação de riscos. E mais, aborda o uso de ferramentas e técnicas de gerenciamento de projetos, como diagramas de Gantt, técnicas de estimativa e avaliação de desempenho.

## Gestão de recursos humanos

A gestão eficaz dos recursos humanos é fundamental para garantir o sucesso de uma organização. Este pilar aborda a importância de recrutar, desenvolver e reter talentos qualificados e comprometidos. Inclui estratégias para identificar necessidades de pessoal, conduzir processos seletivos eficazes e implementar programas de desenvolvimento de funcionários. Igualmente, discute-se a importância de promover um ambiente de trabalho inclusivo e diversificado, onde todos os funcionários tenham a oportunidade de alcançar seu pleno potencial.

Ao dominar esses pilares fundamentais, os líderes podem criar equipes eficazes, gerenciar projetos de forma eficiente, cultivar um ambiente de trabalho positivo e adaptar-se com sucesso às mudanças no mercado. Isso não só promove o sucesso organizacional, mas também ajuda a construir uma cultura de liderança forte e resiliente.

# 13
# GESTÃO DE EQUIPE E LIDERANÇA DE PESSOAS

## Introdução

No mundo dinâmico dos negócios, a liderança eficaz é uma necessidade premente para alcançar o sucesso organizacional. Para aqueles que buscam ascender em suas carreiras, compreender e aprimorar suas habilidades de liderança torna-se uma prioridade indiscutível. É importante ressaltar que, ao contrário do que muitos pensam, a liderança não é necessariamente um dom inato, mas sim uma competência que pode ser cultivada e aprimorada ao longo da jornada profissional, por meio de experiências, aprendizado contínuo e prática deliberada. Este capítulo nos conduzirá por uma jornada de exploração do desenvolvimento de liderança, destacando sua importância como pilar fundamental para o progresso profissional.

## Estilos de liderança

Os líderes eficazes entendem que não há um único estilo de liderança que funcione em todas as situações. Do autocrático ao democrático, cada estilo tem seu lugar e propósito. Como John C. Maxwell (1998), autor best-seller de liderança, coloca: "Liderança não é sobre títulos, cargos ou hierarquias. Trata-se daqueles que estão dispostos a ajudar e influenciar os outros".

A compreensão dos diferentes estilos de liderança é essencial para um líder eficaz. Vamos explorar como identificar seu estilo de liderança pessoal e adaptá-lo de acordo com as necessidades específicas da equipe e do contexto.

Autocrático: Este estilo de liderança é caracterizado pela tomada de decisões centralizada pelo líder, com pouca ou nenhuma participação da equipe. Em situações de crise ou quando a expertise do líder é crucial, o estilo autocrático pode ser eficaz. No entanto, o uso excessivo desse estilo pode resultar em desmotivação e falta de engajamento da equipe.

Liberal: Este estilo é o oposto do autocrático, onde o líder delega amplamente a autoridade aos membros da equipe e intervém apenas quando necessário. É adequado para equipes altamente qualificadas e autogerenciadas, mas pode levar à falta de direção e coordenação se não for aplicado corretamente.

Democrático: O estilo democrático envolve a participação ativa da equipe na tomada de decisões. Os líderes que adotam esse estilo incentivam o diálogo aberto, o trabalho em equipe e a colaboração. Isso promove um ambiente de confiança e respeito mútuo, aumentando o engajamento e a criatividade da equipe.

Transformacional: Este estilo de liderança foca na inspiração e motivação da equipe para alcançar objetivos comuns. Os líderes transformacionais inspiram seus seguidores, fornecendo uma visão clara e articulada do futuro e incentivando a inovação e a excelência. Eles desafiam o status quo e incentivam a autodescoberta e o desenvolvimento pessoal.

Transacional: Ao contrário do estilo transformacional, o estilo transacional se concentra em recompensar o desempenho conforme as metas e expectativas estabelecidas. Os líderes transacionais estabelecem contratos claros com os membros da equipe, recompensando o desempenho conforme acordado. Isso cria um ambiente de trabalho estruturado e orientado para resultados.

Situacional: A abordagem situacional da liderança envolve adaptar o estilo de liderança de acordo com a situação e as necessidades específicas da equipe. Os líderes que adotam essa abordagem avaliam o nível de prontidão e competência da equipe para determinar o melhor estilo de liderança a ser aplicado em determinado momento.

Ao identificar seu estilo de liderança pessoal e entender as características de cada estilo, os líderes podem adaptar sua abordagem de liderança para atender às necessidades específicas da equipe e do contexto. Não há um único estilo de liderança que seja eficaz em todas as situações. Em vez disso, os líderes devem ser flexíveis e estar dispostos a ajustar sua abordagem conforme necessário para maximizar o desempenho e o engajamento da equipe.

## Motivação e inspiração

A capacidade de motivar e inspirar é uma marca registrada de um líder eficaz. Simon Sinek, autor renomado de "Start with why" (2009), destaca a importância de comunicar a visão e propósito de uma forma inspiradora, afirmando que "pessoas não compram o que você faz, elas compram o porquê você faz". Vamos examinar estratégias para criar um ambiente de trabalho motivador, reconhecer e recompensar o desempenho excepcional e inspirar os membros da equipe a alcançarem seu pleno potencial.

Comunique a visão e o propósito: um líder inspirador articula uma visão clara do futuro e comunica o propósito por trás das metas e objetivos da equipe. Ao destacar o "porquê" por trás do trabalho, os líderes podem inspirar um senso de significado e pertencimento entre os membros da equipe. Eles criam uma narrativa envolvente que conecta as tarefas diárias ao impacto maior que estão buscando alcançar.

Comunique a visão e os objetivos da equipe de maneira inspiradora, motivando os membros a se comprometerem com a missão e os valores da organização.

Demonstre confiança e empatia: os líderes motivadores demonstram confiança nas habilidades e capacidades de sua equipe. Eles encorajam o crescimento pessoal e profissional, oferecendo suporte e orientação quando necessário, e demonstram empatia ao reconhecer e responder às necessidades individuais dos membros da equipe, criando um ambiente onde todos se sintam valorizados e respeitados.

Promova um ambiente de trabalho colaborativo, onde os membros da equipe se sintam valorizados e incentivados a contribuir com suas ideias e habilidades únicas para alcançar os objetivos comuns.

Estabeleça metas desafiadoras: metas desafiadoras estimulam a motivação intrínseca, incentivando os membros da equipe a se esforçarem ao máximo. Líderes inspiradores definem metas ambiciosas que desafiam a equipe a superar limites e alcançar novos patamares de desempenho. Eles fornecem apoio e recursos necessários para ajudar a equipe a atingir esses objetivos desafiadores. Estabeleça metas claras e mensuráveis que sejam desafiadoras, mas alcançáveis, proporcionando direção e foco para a equipe.

Garanta que as metas da equipe estejam alinhadas com a visão e os objetivos da organização, promovendo um senso de propósito e pertencimento entre os membros da equipe.

Monitore regularmente o progresso em direção às metas estabelecidas, fazendo ajustes conforme necessário e celebrando marcos importantes alcançados ao longo do caminho.

Reconheça e recompense o desempenho excepcional: o reconhecimento é uma forma eficaz para motivar e inspirar a equipe. Líderes eficazes reconhecem e recompensam o desempenho excepcional de forma consistente e significativa. Isso pode incluir elogios públicos, prêmios ou incentivos financeiros. O reconhecimento mostra aos membros da equipe que seu trabalho é valorizado e incentivado.

Reconheça e recompense o desempenho excepcional dos membros da equipe, oferecendo feedback construtivo e oportunidades de desenvolvimento para incentivar o engajamento e o crescimento profissional.

Promova um ambiente de trabalho positivo: um ambiente de trabalho positivo e inclusivo é fundamental para manter a motivação e inspiração da equipe. Líderes inspiradores promovem uma cultura de respeito, colaboração e apoio mútuo. Eles incentivam a diversidade de pensamento e cultivam um ambiente onde todos se sintam seguros para compartilhar ideias e expressar suas opiniões.

Promova um ambiente de trabalho colaborativo, onde os membros da equipe se sintam valorizados e incentivados a contribuir com suas ideias e habilidades únicas para alcançar os objetivos comuns.

Seja um modelo a ser seguido: líderes inspiradores não apenas falam, mas também agem de acordo com seus valores e princípios. Eles servem como modelos a serem seguidos, demonstrando integridade, coragem e compromisso com a excelência. Eles inspiram os membros da equipe através de seu exemplo, mostrando o que é possível quando se vive de acordo com os mais altos padrões de desempenho e ética.

Sirva como um modelo inspirador para os membros da equipe, demonstrando os valores e comportamentos desejados e inspirando-os a alcançar seu pleno potencial.

Empodere os membros da equipe, dando-lhes autonomia e responsabilidade para tomar decisões e resolver problemas, promovendo um senso de confiança e autorrealização.

Reconheça e celebre as conquistas da equipe, destacando os sucessos coletivos e reforçando o senso de orgulho e realização entre os membros.

Ao implementar essas estratégias, os líderes podem criar um ambiente de trabalho motivador e inspirador, onde os membros da equipe se sintam capacitados a alcançar seu pleno potencial. Ao comunicar uma visão inspiradora, demonstrar confiança e empatia, estabelecer metas desafiadoras, reconhecer o desempenho excepcional, promover um ambiente de trabalho positivo e servir como modelos a serem seguidos, os líderes podem cultivar uma cultura de excelência e realização dentro de suas equipes.

## Construção de equipe

Nenhum líder alcança o sucesso sozinho. A construção de uma equipe coesa e eficaz é vital para alcançar os objetivos organizacionais. Patrick Lencioni, autor de "The five dysfunctions of a team" (2002), destaca a importância da confiança, conflito construtivo, comprometimento, responsabilidade mútua e foco nos resultados para construir equipes de alto desempenho. Vamos discutir técnicas para recrutar os melhores talentos, desenvolver habilidades de colaboração e comunicação e promover um ambiente onde cada membro da equipe se sinta valorizado e capacitado.

Recrutamento e seleção: o primeiro passo para construir uma equipe de alto desempenho é recrutar os melhores talentos disponíveis. Isso envolve identificar as habilidades e competências necessárias para o sucesso da equipe e conduzir um processo de recrutamento criterioso para atrair candidatos qualificados. Mais ainda, é importante avaliar a compatibilidade cultural e os valores do candidato com os da equipe e da organização.

Desenvolvimento de habilidades: uma vez que a equipe está formada, é essencial investir no desenvolvimento contínuo das habilidades e competências dos membros da equipe. Isso pode incluir treinamento em áreas específicas de expertise, workshops de desenvolvimento de liderança e programas de mentoria. O objetivo é capacitar os membros da equipe a alcançarem seu pleno potencial e contribuírem de forma significativa para os objetivos coletivos.

Colaboração e comunicação efetiva: a colaboração eficaz é fundamental para o sucesso de uma equipe. Isso requer a criação de um ambiente onde os membros da equipe se sintam confortáveis em compartilhar ideias, resolver conflitos de maneira construtiva e trabalhar em conjunto para alcançar metas comuns. A comunicação aberta e transparente é essencial para garantir que todos os membros da equipe estejam alinhados com os objetivos e estratégias da equipe.

Promoção de um ambiente de confiança: a confiança é o alicerce sobre o qual equipes de alto desempenho são construídas. Líderes eficazes promovem um ambiente onde os membros da equipe se sintam seguros para expressar suas opiniões, assumir riscos e ser vulneráveis uns com os outros. Isso envolve o estabelecimento de relacionamentos baseados na confiança e no respeito mútuo, onde todos os membros da equipe se sintam valorizados e apoiados.

Foco nos resultados: uma equipe eficaz mantém um foco claro nos resultados e objetivos organizacionais. Isso requer um compromisso compartilhado com a excelência e a prestação de contas mútua para garantir que todos os membros da equipe estejam contribuindo para o sucesso coletivo. Os líderes devem definir metas claras e mensuráveis e fornecer feedback regular sobre o progresso da equipe em direção a esses objetivos.

Ao adotar essas técnicas e princípios de construção de equipe, os líderes podem criar uma equipe coesa e eficaz, capaz de alcançar resultados excepcionais. Ao recrutar os melhores talentos, desenvolver habilidades de colaboração e comunicação, promover um ambiente de confiança e responsabilidade mútua e manter um foco claro nos resultados, as equipes podem superar desafios e alcançar o sucesso em um ambiente cada vez mais competitivo.

## Delegação eficaz

A habilidade de delegar tarefas é essencial para liberar tempo e energia para atividades estratégicas. Stephen Covey, autor de "Os 7 hábitos das pessoas altamente eficazes" (1989), enfatiza a importância de "priorizar o que é importante, em vez de apenas se preocupar com o que é urgente".

Vamos respaldar a importância da delegação para o crescimento e desenvolvimento da equipe, identificar as tarefas certas para delegar e garantir que as responsabilidades sejam cumpridas de forma eficiente e eficaz:

Liberando tempo e energia: delegar tarefas permite que os líderes concentrem seus esforços em atividades de alto impacto que agregam valor à organização. Ao transferir responsabilidades rotineiras ou operacionais para membros da equipe capacitados, os líderes podem liberar tempo e energia para se concentrarem em estratégias de longo prazo, tomada de decisões estratégicas e desenvolvimento de relacionamentos-chave.

Desenvolvimento da equipe: a delegação não é apenas sobre transferir tarefas; é também uma oportunidade de desenvolvimento para os membros da equipe. Ao atribuir responsabilidades desafiadoras e significativas, os líderes podem capacitar seus colaboradores a expandirem suas habilidades, adquirir novas experiências e assumir um maior senso de propriedade em relação ao trabalho que realizam.

Identificação das tarefas certas para delegar: nem todas as tarefas são adequadas para delegação. Os líderes devem identificar cuidadosamente as atividades que podem ser atribuídas a outros com eficácia, levando em consideração a complexidade da tarefa, as habilidades e experiências dos membros da equipe e os recursos disponíveis. Tarefas repetitivas, que não exigem decisões críticas ou expertise exclusiva, são candidatas ideais para delegação.

Comunicação clara de expectativas: ao delegar tarefas, é essencial comunicar claramente as expectativas em termos de resultados desejados, prazos e recursos disponíveis. Os líderes devem garantir que os membros da equipe entendam completamente o que está sendo solicitado e tenham os recursos e o suporte necessários para cumprir suas responsabilidades de forma eficaz.

Fornecendo feedback e apoio: a delegação eficaz não termina com a atribuição da tarefa; os líderes devem fornecer feedback regular e apoio contínuo ao longo do processo. Isso pode incluir monitoramento do progresso, oferecendo orientação e assistência conforme necessário e reconhecendo o desempenho excepcional. O feedback construtivo ajuda a garantir que as responsabilidades sejam cumpridas de acordo com os padrões estabelecidos.

Promovendo a responsabilidade e o empoderamento: ao delegar tarefas, os líderes estão transferindo não apenas responsabilidades, mas também autoridade e poder de tomada de decisões. Isso promove um senso de responsabilidade e empoderamento entre os membros da equipe, permitindo-lhes assumir um papel mais ativo em seu próprio desenvolvimento e no sucesso da equipe como um todo.

Ao dominar a arte da delegação eficaz, os líderes podem liberar tempo e energia para focar em prioridades estratégicas, ao mesmo tempo em que capacitam e desenvolvem sua equipe para alcançar todo o seu potencial. Ao identificar as tarefas certas para delegar, comunicar expectativas claras, fornecer feedback e apoio adequados e promover a responsabilidade e o empoderamento, os líderes podem criar uma cultura de excelência e realização dentro de suas equipes.

## Gestão do desempenho

A gestão do desempenho é uma ferramenta essencial para impulsionar o crescimento e o sucesso da equipe. Peter Drucker (1954), considerado o pai da administração moderna, afirmou que "o que é medido, melhora". Vamos reforçar as técnicas fundamentais para a gestão eficaz do desempenho, incluindo a definição de metas claras e mensuráveis, o fornecimento de feedback construtivo e contínuo, a identificação e abordagem de lacunas de desempenho e o reconhecimento e recompensa do sucesso.

Definição de metas claras e mensuráveis: o primeiro passo na gestão do desempenho é estabelecer metas claras e mensuráveis para a equipe e seus membros individuais. Metas específicas e alcançáveis fornecem uma direção clara e ajudam a alinhar os esforços da equipe com os objetivos organizacionais. Ao definir metas, é importante garantir que sejam mensuráveis para que o progresso possa ser acompanhado e avaliado ao longo do tempo.

Fornecimento de feedback construtivo e contínuo: o feedback é uma maneira poderosa para impulsionar o desenvolvimento e o crescimento da equipe. Os líderes devem fornecer feedback regular e construtivo sobre o desempenho dos membros da equipe, destacando áreas de força e oportunidades de melhoria. O feedback contínuo permite que os membros da equipe ajustem seu comportamento e desempenho de forma proativa, aumentando sua eficácia e contribuição para a equipe.

Identificação e abordagem de lacunas de desempenho: parte da gestão eficaz do desempenho envolve identificar e abordar lacunas de desempenho de forma oportuna e eficaz. Isso pode envolver a identificação de áreas onde os membros da equipe estão lutando e fornecer suporte adicional, treinamento ou recursos para ajudá-los a superar essas dificuldades. Ao abordar proativamente as lacunas de desempenho, os líderes podem evitar que problemas menores se transformem em questões maiores no futuro.

Reconhecimento e recompensa do sucesso: o reconhecimento e a recompensa do sucesso são componentes importantes da gestão do desempenho. Os líderes devem reconhecer publicamente e recompensar os membros da equipe pelo seu desempenho excepcional e contribuições para os objetivos da equipe. Isso pode incluir elogios, prêmios ou incentivos financeiros. O reconhecimento do sucesso não apenas motiva os membros da equipe a continuarem se esforçando, mas também reforça os comportamentos desejados e promove uma cultura de excelência e realização.

Ao implementar essas técnicas de gestão do desempenho, os líderes podem maximizar o potencial da equipe e impulsionar o crescimento e o sucesso organizacional. Ao definir metas claras e mensuráveis, fornecer feedback construtivo e contínuo, identificar e abordar lacunas de desempenho e reconhecer e recompensar o sucesso, os líderes podem criar uma cultura de alto desempenho e excelência dentro de suas equipes.

## Reflexão

Neste capítulo, examinamos os elementos essenciais do desenvolvimento de liderança. Desde a compreensão dos diferentes estilos de liderança até a prática da delegação eficaz e gestão do desempenho, cada aspecto é fundamental para o crescimento e sucesso na carreira. Ao dominar essas habilidades, os líderes podem inspirar suas equipes a alcançar novos patamares de excelência e realizar grandes feitos juntos. Lembre-se sempre das palavras de Warren Bennis (1989): "Líderes são feitos, não nascem". O desenvolvimento de liderança é um processo contínuo de aprendizado e crescimento que pode transformar não apenas sua carreira, mas também a vida daqueles que você lidera.

# 14
# GESTÃO DE PROJETOS

## Introdução

A gestão de projetos é a espinha dorsal de muitas organizações, garantindo que iniciativas sejam concluídas com sucesso e dentro do prazo. Neste capítulo, aprofundaremos na gestão de projetos, desde o planejamento detalhado até o encerramento, explorando técnicas e estratégias para alcançar resultados excepcionais e agregar valor às organizações.

## Definição de escopo: delimitando o caminho

A definição clara do escopo é o ponto de partida para qualquer projeto bem-sucedido. Como disse Lewis Carroll (1865), "se você não sabe para onde está indo, qualquer caminho serve". Discutiremos técnicas para identificar e documentar requisitos, estabelecer metas claras e garantir uma compreensão comum do que será entregue.

O primeiro passo na definição de escopo é identificar e documentar todos os requisitos do projeto. Isso envolve uma análise cuidadosa das necessidades dos stakeholders, a coleta de informações relevantes e a documentação detalhada dos objetivos, funcionalidades e características esperadas do produto ou serviço final.

Uma vez que os requisitos tenham sido identificados, é crucial estabelecer metas claras e mensuráveis para o projeto. Isso permite que todas as partes interessadas tenham uma compreensão clara do que será alcançado e fornece um ponto de referência para avaliar o progresso ao longo do tempo.

Uma definição clara do escopo também requer garantir que todas as partes envolvidas tenham uma compreensão comum do que está incluído no projeto e do que está fora de escopo. Isso envolve comunicação clara e aberta, estabelecendo expectativas realistas e abordando quaisquer ambiguidades ou mal-entendidos de forma proativa.

Embora seja importante definir o escopo inicialmente, também é crucial reconhecer que os projetos podem evoluir ao longo do tempo. Portanto, é essencial incorporar uma certa dose de adaptabilidade e flexibilidade na definição de escopo, permitindo ajustes conforme necessário para atender às mudanças nas necessidades e nos requisitos do projeto.

Em suma, a definição de escopo é o ponto de partida crucial para qualquer projeto bem-sucedido. Ao identificar e documentar requisitos, estabelecer metas claras, garantir uma compreensão comum e incorporar adaptabilidade, podemos delimitar o caminho para o sucesso e orientar o projeto na direção certa desde o início. Lembre-se sempre de que um escopo bem definido é a base sobre a qual todo o sucesso do projeto é construído.

## Elaboração de cronogramas: traçando o mapa do projeto

A elaboração de cronogramas realistas é essencial para manter um projeto nos trilhos. Vamos incluir estratégias para identificar atividades, estimar durações e sequenciar tarefas de forma lógica. Como disse Antoine de Saint-Exupéry (1948), "um objetivo sem um plano é apenas um desejo".

O primeiro passo na elaboração de um cronograma é identificar todas as atividades necessárias para completar o projeto. Isso envolve decompor o projeto em tarefas menores e identificar as ações específicas que precisam ser realizadas para alcançar os objetivos do projeto.

Uma vez que as atividades tenham sido identificadas, é importante estimar realisticamente a duração de cada uma delas. Isso requer uma compreensão clara dos requisitos de cada atividade, bem como uma análise cuidadosa dos recursos disponíveis e das restrições de tempo associadas ao projeto.

Com as atividades identificadas e as durações estimadas, o próximo passo é sequenciar as tarefas de forma lógica. Isso envolve determinar a ordem em que as atividades devem ser realizadas, levando em consideração as dependências entre elas e garantindo que o fluxo de trabalho seja eficiente e sem interrupções desnecessárias.

Com base na identificação de atividades, estimativa de durações e sequenciamento de tarefas, podemos então desenvolver o cronograma do projeto. Isso geralmente é feito usando ferramentas de software de gerenciamento de projetos, como o Microsoft Project ou o GanttProject, que permitem visualizar as atividades ao longo do tempo e acompanhar o progresso do projeto.

Uma vez que o cronograma tenha sido elaborado, é importante manter e atualizar regularmente conforme o projeto avança. Isso envolve acompanhar o progresso das atividades, identificar e resolver quaisquer desvios ou atrasos e fazer ajustes no cronograma conforme necessário para garantir que o projeto permaneça dentro do prazo e do orçamento estabelecidos.

Em resumo, a elaboração de cronogramas é uma etapa essencial na gestão de projetos, permitindo que as equipes tenham uma visão clara e estruturada das atividades a serem realizadas e dos prazos associados a cada uma delas. Ao identificar atividades, estimar durações, sequenciar tarefas e desenvolver um cronograma realista, podemos traçar o mapa do projeto e orientar sua execução de forma eficaz, rumo ao sucesso. Lembre-se sempre de que um cronograma bem elaborado é um instrumento indispensável para manter o projeto nos trilhos e garantir sua conclusão dentro do prazo e do orçamento previstos.

## Alocação de recursos: gerenciando o tesouro do projeto

Na gestão de projetos, a alocação eficiente de recursos desempenha um papel fundamental na consecução dos objetivos estabelecidos. Neste capítulo, delinearemos a importância de identificar, alocar e gerenciar recursos de forma eficaz, garantindo que pessoal, orçamento e materiais estejam disponíveis conforme necessário para o sucesso do projeto.

O primeiro passo na alocação de recursos é identificar quais recursos são necessários para executar as atividades do projeto. Isso inclui recursos humanos, financeiros, materiais e tecnológicos. Uma análise cuidadosa das exigências de cada atividade e da natureza do projeto como um todo é essencial para determinar os recursos necessários.

Com os recursos necessários identificados, o próximo passo é alocar os recursos disponíveis de maneira eficiente. Isso envolve avaliar a disponibilidade de recursos dentro das restrições do projeto, como orçamento e prazos, e atribuir os recursos de forma que atendam às necessidades do projeto da melhor maneira possível.

Um aspecto importante da alocação de recursos é o gerenciamento eficaz da equipe do projeto. Isso inclui atribuir tarefas de acordo com as habilidades e experiências dos membros da equipe, garantir que todos tenham as informações e recursos necessários para realizar seu trabalho e resolver conflitos ou problemas de desempenho conforme necessário.

Além da alocação de recursos humanos, é crucial controlar o orçamento e os custos associados ao projeto. Isso envolve monitorar os gastos e despesas do projeto, identificar quaisquer desvios em relação ao orçamento planejado e tomar medidas corretivas conforme necessário para garantir que o projeto permaneça dentro dos limites financeiros estabelecidos.

Durante a execução do projeto, pode ser necessário otimizar e ajustar a alocação de recursos à medida que novas informações se tornem disponíveis ou circunstâncias mudem. Isso pode envolver realocar recursos de uma área do projeto para outra, contratar recursos adicionais quando necessário ou liberar recursos que não são mais necessários.

Em resumo, a alocação eficiente de recursos é essencial para maximizar a eficiência e minimizar o desperdício em projetos. Ao identificar e alocar recursos necessários de forma eficaz, gerenciar a equipe do projeto e controlar o orçamento e os custos associados, os gerentes de projeto podem garantir que o projeto seja concluído dentro do prazo e do orçamento estabelecidos, enquanto atende aos requisitos e objetivos do projeto. Lembre-se sempre de que uma alocação cuidadosa de recursos é fundamental para o sucesso do projeto e para a satisfação do cliente.

## Monitoramento e controle: navegando pelas correntezas

O monitoramento ativo do progresso do projeto é fundamental para identificar desvios e tomar medidas corretivas. Discutiremos técnicas para acompanhar o progresso em relação ao plano do projeto, garantindo que o projeto permaneça no caminho certo.

O acompanhamento do progresso do projeto envolve comparar o que foi realizado até o momento com o que foi planejado no cronograma e no orçamento do projeto. Isso pode ser feito por meio de reuniões de acompanhamento regulares, relatórios de status, sistemas de gerenciamento de projetos e outras ferramentas de monitoramento.

Durante o monitoramento do projeto, é crucial identificar qualquer desvio em relação ao plano original ou quaisquer problemas que possam surgir. Isso pode incluir atrasos no cronograma, estouro do orçamento, mudanças nos requisitos do projeto ou problemas de desempenho da equipe. Quanto mais cedo esses desvios e problemas forem identificados, mais fácil será corrigi-los.

Após identificar desvios ou problemas, é importante tomar medidas corretivas imediatas para resolver essas questões e manter o projeto no caminho certo. Isso pode envolver realocação de recursos, revisão do plano do projeto, negociação de prazos ou custos revisados ou outras ações para mitigar os impactos dos desvios identificados.

Com base nas informações coletadas durante o monitoramento do projeto e nas ações corretivas tomadas, o plano do projeto pode precisar ser revisado e atualizado. Isso pode incluir ajustes no cronograma, orçamento, escopo ou recursos do projeto para garantir que ele permaneça viável e alinhado com os objetivos organizacionais.

Um aspecto fundamental do monitoramento e controle é a comunicação eficaz com todas as partes interessadas relevantes. Isso envolve manter todas as partes informadas sobre o progresso do projeto, desvios identificados e ações corretivas tomadas, garantindo transparência e apoio contínuo ao projeto.

Em resumo, o monitoramento e controle são partes essenciais da gestão de projetos que permitem aos gerentes de projeto manterem o curso do projeto e garantir que ele alcance seus objetivos com sucesso. Ao acompanhar de perto o progresso, identificar desvios e problemas, tomar medidas corretivas e revisar o plano do projeto conforme necessário, os gerentes de projeto podem navegar pelas correntezas do projeto com confiança e eficácia, garantindo sua conclusão bem-sucedida.

## Encerramento do projeto: amarre os cabos

A fase de encerramento do projeto é muitas vezes negligenciada, mas crucial para avaliar resultados e aprender lições para o futuro. Abordaremos técnicas para revisar o desempenho do projeto, documentar resultados e celebrar sucessos antes de encerrar formalmente o projeto. Como disse Henry Ford (1922), “o fracasso é apenas a oportunidade de começar de novo, desta vez de forma mais inteligente”.

O primeiro passo no encerramento do projeto é realizar uma revisão abrangente do desempenho do projeto. Isso inclui comparar os resultados alcançados com os objetivos definidos, avaliar o cumprimento do cronograma e do orçamento, identificar sucessos e áreas de melhoria e revisar o desempenho da equipe do projeto.

É essencial documentar cuidadosamente os resultados do projeto e as lições aprendidas ao longo do caminho. Isso pode incluir relatórios finais, análises de pós-implementação, registros de reuniões e qualquer outra documentação relevante. Capturar esse conhecimento é fundamental para garantir que as melhores práticas sejam reconhecidas e replicadas em projetos futuros.

Uma parte importante do encerramento do projeto é celebrar os sucessos e reconhecer o trabalho árduo da equipe. Isso pode incluir uma reunião de encerramento do projeto, uma cerimônia de premiação ou simplesmente uma expressão sincera de gratidão pela contribuição de todos os envolvidos. Celebrar os sucessos não apenas aumenta o moral da equipe, mas também ajuda a criar um senso de realização e reconhecimento.

Após concluir a revisão do desempenho, documentar os resultados e celebrar os sucessos, é hora de encerrar formalmente o projeto. Isso pode incluir a finalização de todos os documentos finais, o arquivamento de registros e a comunicação oficial do encerramento aos stakeholders relevantes. É importante garantir que todas as atividades sejam concluídas de acordo com os requisitos contratuais e organizacionais.

É crucial utilizar as lições aprendidas durante o encerramento do projeto para informar futuros empreendimentos. Isso pode incluir a atualização de processos e procedimentos, o desenvolvimento de melhores práticas e o compartilhamento de conhecimento com outras equipes dentro da organização. Ao aproveitar as experiências do projeto encerrado, é possível melhorar continuamente o desempenho organizacional e alcançar maior sucesso em projetos futuros.

O encerramento eficaz do projeto é essencial para garantir que os resultados sejam alcançados com sucesso e que as lições aprendidas sejam capturadas para uso futuro. Ao revisar o desempenho do projeto, documentar resultados, celebrar sucessos e encerrar formalmente o projeto, os gerentes de projeto podem garantir que o ciclo de vida do projeto seja concluído de forma satisfatória e que a organização esteja bem posicionada para o sucesso em empreendimentos futuros.

## Reflexão

Ao concluir nossa jornada pela gestão de projetos, entendemos que é uma arte e uma ciência que requerem habilidade e dedicação. Ao delimitar o escopo, traçar um caminho claro, alocar recursos eficientemente, monitorar o progresso e encerrar projetos de forma eficaz, podemos alcançar resultados excepcionais e agregar valor às organizações. Com estas ferramentas, estamos preparados para liderar projetos com confiança e sucesso em qualquer ambiente profissional.

# 15
# GESTÃO DE RECURSOS HUMANOS

## Introdução

A gestão eficaz de recursos humanos e a liderança inspiradora de equipes são fundamentais para o sucesso organizacional. Neste capítulo, discutiremos as estratégias que visam recrutar, desenvolver e reter talentos, promover uma cultura inclusiva e diversificada e liderar equipes de forma eficaz para alcançar os objetivos da organização.

## Recrutamento e seleção: construindo a equipe dos sonhos

Começaremos discutindo a importância do recrutamento e seleção eficazes. Como Peter Drucker, em "Management: tasks, responsibilities, practices" (1973), disse, "o recrutamento é apenas o começo, o que realmente conta é a retenção". Abordaremos técnicas para identificar talentos, atrair candidatos qualificados, conduzir entrevistas significativas e selecionar os melhores candidatos que se alinhem com a cultura e os objetivos da organização.

## Identificação de talentos

Análise de necessidades: antes de iniciar o recrutamento, é essencial entender as necessidades da organização e as habilidades necessárias para o cargo em questão. Isso ajuda a definir o perfil ideal do candidato.

Fontes de recrutamento: explore diversas fontes de recrutamento, como redes profissionais, sites de emprego, universidades, agências de recrutamento e programas de indicação de funcionários. Isso amplia o pool de talentos e atrai candidatos qualificados.

Marca empregadora: fortaleça a marca empregadora da organização, destacando sua cultura, valores e oportunidades de desenvolvimento profissional. Isso atrai talentos que se identificam com a empresa e sua missão.

## Atração de candidatos qualificados

Descrição de vagas claras e atraentes: elabore descrições de vagas claras e atrativas, destacando as responsabilidades, requisitos e benefícios do cargo. Isso ajuda a atrair candidatos qualificados e alinhados com as expectativas da função.

Processo de candidatura simplificado: simplifique o processo de candidatura, tornando-o acessível e amigável para os candidatos. Um processo complicado pode afastar talentos em potencial.

Abordagem proativa: esteja ativo na busca por talentos, contatando candidatos qualificados diretamente e construindo relacionamentos com eles. Isso demonstra interesse genuíno e pode aumentar as chances de recrutamento bem-sucedido.

## Condução de entrevistas significativas

Entrevistas estruturadas: planeje entrevistas estruturadas, com perguntas consistentes e objetivas, focadas em habilidades, experiência e adequação cultural. Isso ajuda a comparar candidatos de forma justa e precisa.

Avaliação de competências: além das habilidades técnicas, avalie as competências comportamentais e emocionais dos candidatos, como habilidades de comunicação, trabalho em equipe e resolução de problemas.

Avaliação de fit cultural: considere a compatibilidade cultural do candidato com a organização. Isso envolve avaliar seus valores, ética de trabalho e adequação ao ambiente de trabalho.

## Seleção dos melhores candidatos

Avaliação multifacetada: considere uma variedade de critérios ao selecionar os melhores candidatos, incluindo habilidades, experiência, cultura organizacional e potencial de crescimento.

Feedback construtivo: forneça feedback construtivo aos candidatos não selecionados, destacando seus pontos fortes e áreas de melhoria. Isso promove uma experiência positiva para os candidatos e fortalece a reputação da organização.

Processo de integração: desenvolva um processo de integração abrangente para os novos contratados, ajudando-os a se adaptar à cultura da empresa e se tornarem produtivos rapidamente.

Ao seguir essas práticas de recrutamento e seleção, as organizações podem construir equipes de alto desempenho e impulsionar o sucesso a longo prazo. Ao atrair e selecionar os melhores talentos, alinhados com a cultura e os objetivos da empresa, as organizações podem alcançar melhores resultados e manter uma vantagem competitiva no mercado.

## Desenvolvimento de talentos: investindo no crescimento

O desenvolvimento de talentos é essencial para promover o crescimento pessoal e profissional dos colaboradores, além de garantir o sucesso a longo prazo da organização. Vamos privilegiar estratégias eficazes para investir no desenvolvimento do talento interno.

### Programas de treinamento e desenvolvimento

Identificação de necessidades: realize avaliações de competências e identifique as necessidades de treinamento dos colaboradores, alinhadas com os objetivos estratégicos da organização.

Desenvolvimento personalizado: ofereça programas de treinamento personalizados que atendam às necessidades individuais de aprendizagem e desenvolvimento de cada funcionário.

Aprendizagem contínua: promova uma cultura de aprendizagem contínua, incentivando os funcionários a buscarem oportunidades de desenvolvimento e adquirir novas habilidades ao longo do tempo.

### Mentoria e coaching

Programas de mentoria: estabeleça programas de mentoria que conectem funcionários experientes com aqueles que estão buscando desenvolvimento profissional. Essa troca de conhecimentos e experiências promove o crescimento pessoal e profissional.

Coaching individualizado: forneça coaching individualizado para ajudar os colaboradores a alcançarem seus objetivos de carreira e superar desafios específicos. O coaching ajuda a desenvolver habilidades, aprimorar o desempenho e aumentar a autoconfiança.

Feedback construtivo: promova uma cultura de feedback regular e construtivo, tanto de mentores quanto de gestores, para orientar o desenvolvimento dos colaboradores de forma eficaz.

### Oportunidades de progressão na carreira

Planos de Desenvolvimento Individual (PDI): desenvolva planos de desenvolvimento individual para cada colaborador, estabelecendo metas de curto e longo prazos e identificando as etapas necessárias para alcançá-las.

Promoções internas: ofereça oportunidades claras de progressão na carreira, valorizando a promoção interna e reconhecendo o mérito e o potencial dos colaboradores.

Rotatividade de funções: incentive a rotatividade de funções e projetos para proporcionar experiências diversificadas e desenvolver habilidades multifacetadas nos colaboradores.

## Cultura de desenvolvimento

Liderança exemplar: os líderes devem servir como modelos de desenvolvimento, demonstrando um compromisso com o aprendizado contínuo e incentivando seus subordinados a fazer o mesmo.

Reconhecimento e recompensa: reconheça e recompense os esforços e conquistas dos colaboradores em seu desenvolvimento pessoal e profissional, incentivando um ambiente de trabalho positivo e motivador.

Avaliação de desempenho: realize avaliações de desempenho regulares que incluam uma análise do progresso no desenvolvimento de habilidades e competências, fornecendo feedback construtivo para orientar o crescimento dos colaboradores.

Investir no desenvolvimento de talentos não apenas fortalece a equipe atual, mas também cria uma cultura de crescimento e inovação que impulsiona o sucesso organizacional a longo prazo. Ao capacitar os colaboradores a atingirem seu pleno potencial, a organização se posiciona para enfrentar desafios futuros e alcançar novas alturas de excelência.

## Retenção de talentos: cultivando um ambiente de excelência

A retenção de talentos é essencial para o crescimento e a sustentabilidade de qualquer organização. Vamos recorrer a estratégias fundamentais para cultivar um ambiente de excelência que promova a retenção dos melhores talentos.

## Ambiente de trabalho positivo e inclusivo

Cultura organizacional forte: desenvolva uma cultura organizacional baseada em valores como respeito, colaboração e diversidade, criando um ambiente onde os colaboradores se sintam valorizados e respeitados.

Comunicação transparente: promova uma comunicação aberta e transparente em todos os níveis da organização, permitindo que os colaboradores se sintam informados e engajados nas decisões e direções da empresa.

Liderança inspiradora: cultive líderes que inspirem confiança, ofereçam suporte e reconheçam o trabalho de suas equipes, criando um ambiente onde os colaboradores se sintam motivados e empoderados.

## Reconhecimento e recompensa

Recompensas financeiras e não financeiras: reconheça e recompense o desempenho excepcional por meio de benefícios financeiros, como aumentos salariais e bônus, além de reconhecimento público, oportunidades de desenvolvimento e outras formas de reconhecimento não financeiro.

Programas de reconhecimento: implemente programas de reconhecimento que valorizem as contribuições individuais e de equipe, destacando conquistas e marcos importantes alcançados pelos colaboradores.

Feedback construtivo: forneça feedback regular e construtivo sobre o desempenho dos colaboradores, reconhecendo suas realizações e oferecendo orientação para o crescimento e o desenvolvimento contínuo.

## Desenvolvimento personalizado

Planos de Desenvolvimento Individual (PDI): desenvolva planos de desenvolvimento individual para cada colaborador, identificando suas metas de carreira e oferecendo oportunidades de aprendizado e crescimento que estejam alinhadas com seus interesses e habilidades.

Programas de treinamento e capacitação: ofereça programas de treinamento e capacitação que permitam aos colaboradores expandir suas habilidades, adquirir novos conhecimentos e desenvolver-se profissionalmente dentro da organização.

Oportunidades de progressão na carreira: estabeleça caminhos claros de progressão na carreira, oferecendo oportunidades de promoção e avanço para os colaboradores que demonstram alto desempenho e potencial de liderança.

## Cultura de valorização da diversidade

Inclusão e equidade: promova uma cultura que valorize a diversidade e a inclusão, reconhecendo e celebrando as diferentes experiências, perspectivas e contribuições de todos os colaboradores.

Programas de diversidade e inclusão: implemente programas e iniciativas que promovam a diversidade e a inclusão no local de trabalho, criando um ambiente onde todos se sintam bem-vindos e respeitados.

Participação ativa: envolver os colaboradores ativamente na criação de políticas e práticas relacionadas à diversidade e inclusão, garantindo que suas vozes sejam ouvidas e suas preocupações sejam abordadas.

Ao adotar estratégias eficazes de retenção de talentos, as organizações podem cultivar um ambiente de excelência onde os colaboradores se sintam valorizados, engajados e motivados a contribuir para o sucesso da empresa a longo prazo. Isso não apenas aumenta a satisfação e o bem-estar dos colaboradores, mas também impulsiona a produtividade, a inovação e o crescimento organizacional.

## Reflexão

Neste capítulo, realçamos as estratégias fundamentais para a gestão de recursos humanos e liderança de equipes. Ao recrutar, desenvolver e reter talentos, promover uma cultura inclusiva e diversificada e liderar equipes de forma inspiradora e eficaz, os líderes podem construir organizações resilientes e adaptáveis que alcançam o sucesso sustentável a longo prazo. Ao dominar essas habilidades, podemos cultivar equipes de alto desempenho que impulsionam a inovação, a colaboração e o crescimento em todas as áreas de nossas organizações.

# PARTE 5
# ADAPTAÇÃO E INOVAÇÃO

Na área de Adaptação e Inovação, os tópicos são focados na capacidade de se adaptar e inovar, essenciais em um mundo em constante mudança e cada vez mais digital.

## Administração de mudanças e adaptabilidade

Este pilar destaca a importância da capacidade de adaptação em um mundo empresarial em constante mudança. Discute estratégias para gerenciar eficazmente mudanças organizacionais, incluindo comunicação clara, engajamento dos funcionários e fornecimento de suporte durante períodos de transição. Além disso, aborda a importância de cultivar uma mentalidade de aprendizado contínuo e flexibilidade para enfrentar desafios imprevistos e explorar novas oportunidades.

## Inovação e pensamento criativo

A inovação é um motor essencial do sucesso empresarial, e o pensamento criativo é fundamental para impulsioná-la. Este pilar explora técnicas para estimular a criatividade, como brainstorming, design thinking e prototipagem rápida. Assim, discute-se a importância de criar uma cultura organizacional que valorize a experimentação, o fracasso seguro e a busca contínua por melhorias e novas ideias.

## Transformação digital

No mundo empresarial em constante evolução, a capacidade de se adaptar às mudanças tecnológicas é crucial. Este pilar aborda como as organizações podem utilizar as competências digitais para se adaptar rapidamente aos avanços tecnológicos, identificar novas oportunidades de negócios e superar desafios emergentes. Ele explora estratégias para implementar efetivamente a transformação digital, incluindo o desenvolvimento de uma cultura orientada para a inovação e a otimização dos processos de negócios.

Ao dominar esses pilares fundamentais, as organizações podem se adaptar rapidamente às mudanças no mercado, promover uma cultura de inovação contínua e tomar decisões informadas com base em dados sólidos. Isso não só impulsiona o sucesso organizacional, mas também permite que as empresas se destaquem em um ambiente empresarial competitivo e em constante evolução.

# 16
# ADMINISTRAÇÃO DE MUDANÇAS E ADAPTABILIDADE

## Introdução

No cenário empresarial atual, a habilidade de gerenciar eficazmente a mudança organizacional é um diferencial competitivo crucial. Neste capítulo, discutiremos os princípios e estratégias fundamentais para liderar e comunicar mudanças de maneira eficaz, promovendo a aceitação e o engajamento dos colaboradores durante os períodos de transição.

## Princípios da gestão da mudança: navegando rumo ao futuro

Os princípios da gestão da mudança são fundamentais para garantir que as organizações naveguem com sucesso rumo ao futuro em um mundo em constante evolução. Como afirmou Peter Drucker (1999), "a melhor maneira de prever o futuro é criá-lo". Abordaremos esses princípios para fornecer uma base sólida para enfrentar os desafios da mudança:

### Visão e propósito

Clareza de objetivos: uma visão compartilhada do futuro desejado é essencial para alinhar esforços e energias em direção a um objetivo comum.

Comunicação efetiva: transmitir a visão de forma clara e inspiradora motiva os membros da equipe a se comprometerem com a mudança.

### Liderança e engajamento

Papel da liderança: os líderes desempenham um papel crucial na condução da mudança, fornecendo orientação, apoio e exemplo.

Engajamento dos stakeholders: envolver todas as partes interessadas desde o início promove um sentimento de propriedade e compromisso com a mudança.

### Flexibilidade e adaptabilidade

Agilidade organizacional: a capacidade de se adaptar rapidamente a mudanças inesperadas ou disruptivas é essencial para o sucesso a longo prazo.

Resiliência: cultivar uma cultura organizacional resiliente permite que a equipe enfrente desafios com determinação e flexibilidade.

### Comunicação e transparência

Comunicação aberta: manter uma comunicação transparente e frequente ajuda a dissipar o medo e a incerteza durante períodos de mudança.

Feedback e diálogo: estabelecer canais de feedback abertos e incentivar o diálogo honesto promovem a confiança e a colaboração.

### Respeito e empatia

Consideração pelas pessoas: reconhecer o impacto da mudança nas pessoas e demonstrar empatia e respeito por suas preocupações e desafios são essenciais para manter o moral e o bem-estar.

Inclusão: incluir as perspectivas e experiências diversas de todos os membros da equipe promove uma cultura de respeito e valorização da diversidade.

Ao adotar esses princípios, as organizações podem navegar de forma mais eficaz pelos desafios da mudança, capacitando seus colaboradores a abraçarem o futuro com confiança e determinação. Como resultado, estarão mais bem preparadas para se adaptar e prosperar em um ambiente de negócios em constante evolução.

## Liderança da mudança: o timoneiro rumo à transformação

Inspirando-se nas palavras de John C. Maxwell (2015), "a mudança é mais fácil quando você tem um propósito". A liderança da mudança desempenha um papel crucial no direcionamento das organizações através de períodos de transformação e o líder assume a responsabilidade de guiar a equipe com determinação e visão clara. Vamos aplicar as estratégias e práticas que fazem da liderança um elemento vital na gestão da mudança:

### Comunicação de uma visão inspiradora

Clareza e inspiração: o líder articula uma visão convincente da mudança, destacando os benefícios e o propósito por trás dela.

Engajamento e motivação: inspirar a equipe com uma visão empolgante e alcançável ajuda a motivar e alinhar esforços na direção desejada.

### Estabelecimento de metas claras

Metas mensuráveis: definir metas claras e mensuráveis fornece uma direção tangível para a mudança e ajuda a avaliar o progresso ao longo do caminho.

Alinhamento com a visão: as metas são alinhadas com a visão da mudança, garantindo que cada ação contribua para a realização dos objetivos maiores.

### Criação de um ambiente de confiança e colaboração

Transparência e abertura: o líder promove uma cultura de transparência, abrindo canais de comunicação e incentivando a troca de ideias e feedback.

Fomento à colaboração: encorajar a colaboração entre os membros da equipe promove um senso de pertencimento e responsabilidade compartilhada pela mudança.

### Gestão de resistências e conflitos

Empatia e escuta ativa: o líder demonstra empatia ao reconhecer e abordar as preocupações e resistências dos membros da equipe, ouvindo atentamente suas perspectivas.

Resolução construtiva de conflitos: ao enfrentar conflitos, o líder busca soluções que beneficiem a todos e promovam a coesão da equipe em torno dos objetivos da mudança.

### Modelagem do comportamento desejado

Exemplo e coerência: o líder serve como modelo de comportamento desejado, incorporando os valores e princípios da mudança em sua própria conduta.

Comprometimento e persistência: perseverar diante dos desafios e manter o compromisso com a visão da mudança inspiram confiança e determinação na equipe.

Ao adotar essas práticas de liderança da mudança, o timoneiro rumo à transformação capacita sua equipe a enfrentar os desafios da mudança com confiança e resiliência. Guiados por uma visão inspiradora e valores compartilhados, eles navegam juntos pelos mares turbulentos da transformação, emergindo mais fortes e mais preparados para os desafios do futuro.

## Comunicação efetiva: transmitindo a mensagem da mudança

A comunicação efetiva desempenha um papel fundamental na gestão da mudança, pois é o meio pelo qual a visão e os objetivos da mudança são transmitidos e compreendidos pela equipe. Como disse Lee Iacocca (1988), “você não pode gerir o que não consegue medir e não pode medir o que não consegue descrever". Vamos acolher as estratégias e práticas que garantem uma comunicação eficaz durante períodos de transformação organizacional:

### Clareza e transparência

Mensagem clara e direta: a comunicação da mudança deve ser clara, concisa e direta, evitando ambiguidades e interpretações equivocadas.

Transparência: compartilhar informações de forma transparente e aberta cria um ambiente de confiança e promove a aceitação da mudança pela equipe.

### Empatia e sensibilidade

Ouvir ativamente: ouvir atentamente as preocupações e feedback dos colaboradores demonstra empatia e ajuda a identificar pontos de resistência que precisam ser abordados.

Sensibilidade às emoções: reconhecer e validar as emoções dos colaboradores durante o processo de mudança mostra compreensão e respeito pela sua experiência.

### Comunicação bidirecional

Diálogo aberto: estabelecer canais de comunicação bidirecional permite que os colaboradores expressem suas opiniões, façam perguntas e contribuam para o processo de mudança.

Feedback contínuo: solicitar e fornecer feedback regularmente cria um ambiente de colaboração e permite ajustes ao longo do processo de mudança.

### Adaptabilidade e flexibilidade

Personalização da comunicação: adaptar a mensagem às necessidades e preocupações específicas de diferentes grupos e indivíduos aumenta a relevância e a eficácia da comunicação.

Múltiplos canais de comunicação: utilizar uma variedade de canais de comunicação, como reuniões, e-mails, intranet e mídias sociais, atinge diferentes públicos e garante que a mensagem seja amplamente disseminada.

### Consistência e continuidade

Mensagem coerente: manter a consistência na comunicação da mudança ao longo do tempo ajuda a evitar confusão e constrói confiança na liderança.

Atualização regular: fornecer atualizações regulares sobre o progresso da mudança mantém os colaboradores informados e engajados no processo.

Ao adotar essas práticas de comunicação eficaz, os líderes garantem que a mensagem da mudança seja transmitida de forma clara, empática e envolvente, promovendo a compreensão, aceitação e apoio da equipe ao processo de transformação organizacional.

## Abordagem de resistências: transformando obstáculos em oportunidades

A resistência à mudança é uma reação natural, mas gerenciável. Conforme John Kotter (1996) disse, "o maior erro que se pode cometer em tempos de turbulência é subestimar o poder do ceticismo e da resistência". Discutiremos estratégias para identificar e abordar resistências de forma construtiva, envolvendo os opositores no processo de mudança e oferecendo suporte para facilitar a transição.

A abordagem de resistências durante processos de mudança é essencial para garantir uma transição suave e bem-sucedida. Vamos elencar algumas estratégias para transformar obstáculos em oportunidades:

### Compreensão das causas da resistência

Diagnóstico: identificar as razões subjacentes para a resistência, que podem incluir medo do desconhecido, perda de controle ou ameaça percebida aos interesses pessoais.

Feedback: solicitar feedback aberto e honesto dos colaboradores para compreender suas preocupações e pontos de vista sobre a mudança.

### Comunicação clara e empática

Comunicar a necessidade da mudança: transmitir os motivos e os benefícios da mudança de forma clara e empática, destacando como ela pode melhorar a situação atual.

Esclarecer dúvidas e preocupações: estar disponível para responder perguntas e abordar as preocupações dos colaboradores, demonstrando compreensão e empatia.

### Envolvimento dos opositores

Inclusão na tomada de decisão: envolva os opositores no processo de tomada de decisão sempre que possível, permitindo que contribuam com ideias e sugestões.

Participação em grupos de trabalho: convide-os a participar de grupos de trabalho ou comitês relacionados à mudança, onde possam ter voz ativa na elaboração e implementação de planos.

### Fornecimento de suporte e recursos

Treinamento e capacitação: ofereça treinamento e capacitação adequados para ajudar os colaboradores a adquirirem as habilidades necessárias para lidar com a mudança.

Mentoria e coaching: forneça suporte individualizado, como mentoria e coaching, para ajudar os colaboradores a superarem desafios e se adaptarem à mudança.

### Celebração de pequenas vitórias

Reconhecimento e celebração: reconheça e celebre as pequenas vitórias ao longo do processo de mudança, incentivando e motivando os colaboradores a continuarem engajados.

Feedback positivo: dê feedback positivo aos colaboradores que demonstram abertura e disposição para se adaptarem à mudança, incentivando outros a seguirem seu exemplo.

### Monitoramento e avaliação contínuos

Avaliação de progresso: monitore regularmente o progresso da mudança e ajuste as estratégias conforme necessário com base no feedback e nos resultados obtidos.

Adaptação a desafios: esteja preparado para enfrentar desafios e obstáculos ao longo do caminho, adaptando-se às necessidades e circunstâncias em constante mudança.

Ao adotar uma abordagem proativa e colaborativa para lidar com a resistência à mudança, os líderes podem transformar obstáculos em oportunidades, promovendo uma transição suave e bem-sucedida para todos os envolvidos.

## Promoção do engajamento dos colaboradores: criando aliados na jornada da mudança

Promover o engajamento dos colaboradores durante períodos de mudança é essencial para garantir o sucesso e a aceitação das novas diretrizes organizacionais. Como disse Simon Sinek (2009), "se você quer construir uma equipe, concentre-se em quem você está construindo, não no que está construindo". Vamos listar algumas estratégias para criar aliados na jornada da mudança:

### Comunicação transparente e contínua

Transparência: comunicar abertamente sobre os objetivos, razões e impactos da mudança, mantendo os colaboradores informados em todas as etapas do processo.

Canais de comunicação: utilizar diversos canais de comunicação, como reuniões, e-mails, intranet e sessões de feedback, para garantir que a mensagem seja amplamente disseminada e compreendida.

### Envolvimento ativo dos colaboradores

Participação em decisões: envolver os colaboradores na tomada de decisões sempre que possível, permitindo que contribuam com ideias e sugestões que possam influenciar a direção da mudança.

Grupos de trabalho e comitês: criar grupos de trabalho ou comitês compostos por representantes de diferentes áreas para colaborar na implementação da mudança e garantir uma abordagem inclusiva.

### Reconhecimento e incentivo

Reconhecimento das contribuições: reconhecer publicamente as contribuições dos colaboradores para o sucesso da mudança, destacando suas realizações e esforços.

Incentivos e recompensas: oferecer incentivos e recompensas, como bônus, elogios ou oportunidades de desenvolvimento, para motivar e reconhecer o engajamento dos colaboradores.

### Desenvolvimento de habilidades

Treinamento e capacitação: oferecer treinamento e capacitação específicos para ajudar os colaboradores a adquirirem as habilidades necessárias para se adaptarem à mudança e desempenharem seus novos papéis com eficácia.

Mentoria e coaching: fornecer apoio individualizado por meio de mentoria e coaching para ajudar os colaboradores a superarem desafios e aproveitarem as oportunidades de crescimento durante a transição.

### Construção de um senso de pertencimento e orgulho

Cultura organizacional positiva: promover uma cultura organizacional positiva que valorize a diversidade, a colaboração e o respeito mútuo, criando um ambiente onde os colaboradores se sintam valorizados e respeitados.

Eventos e atividades sociais: realizar eventos e atividades sociais que promovam o senso de pertencimento e camaradagem entre os colaboradores, fortalecendo os vínculos e o espírito de equipe.

Ao implementar essas estratégias de promoção do engajamento dos colaboradores, as organizações podem criar aliados dedicados e comprometidos na jornada da mudança, contribuindo para o sucesso e a sustentabilidade das iniciativas de transformação.

## Reflexão

Neste capítulo, evidenciamos as estratégias essenciais para a gestão eficaz da mudança organizacional. Ao compreender os princípios da gestão da mudança, liderar e comunicar mudanças de forma eficaz, abordar resistências de maneira construtiva e promover o engajamento dos colaboradores, os líderes podem conduzir suas organizações com sucesso através de períodos de transformação. Ao adotar uma abordagem proativa e colaborativa para a gestão da mudança, as organizações podem não apenas sobreviver, mas prosperar em um ambiente em constante evolução.

# 17
# INOVAÇÃO E PENSAMENTO CRIATIVO

## Introdução

A criatividade e a inovação são o combustível que alimenta o motor do progresso humano. Neste capítulo, trabalharemos os princípios que impulsionam a criatividade e a inovação, bem como as estratégias para cultivar uma mentalidade inovadora em todas as áreas da vida.

## Princípios da criatividade e inovação: rompendo barreiras e explorando fronteiras

A criatividade e a inovação são aspectos essenciais para o progresso humano em todos os campos da vida, desde a ciência e a tecnologia até a arte e a cultura. Romper com o convencional e explorar novas ideias muitas vezes requerem coragem e uma mentalidade aberta para o desconhecido. Como disse Albert Einstein (1929), "a imaginação é mais importante que o conhecimento".

Para promover a criatividade e a inovação, é fundamental cultivar um ambiente que encoraje a experimentação e o pensamento fora da caixa. Isso envolve encorajar a diversidade de pensamento e perspectiva, valorizando a contribuição de indivíduos com diferentes origens e habilidades.

Nesse sentido, é importante estar disposto a assumir riscos calculados e aprender com os fracassos. Afinal, a inovação muitas vezes surge da tentativa e erro, e é através da persistência e da resiliência que grandes avanços são alcançados.

Outro aspecto importante é manter-se atualizado com as últimas tendências e avanços em seu campo de atuação, buscando constantemente novas oportunidades e desafios. Isso pode envolver a colaboração com outras pessoas e organizações, bem como a busca por inspiração em diferentes fontes, seja na natureza, na arte ou na tecnologia.

## Estímulo do pensamento criativo: explorando novos horizontes

Estimular o pensamento criativo é essencial para encontrar soluções inovadoras e explorar novos horizontes. Aqui estão algumas técnicas que podem ajudar a desbloquear sua criatividade:

- Brainstorming: sessões de grupo: reúna um grupo de pessoas com diferentes perspectivas e experiências para gerar ideias de forma colaborativa.
- Sem julgamentos: encoraje a livre expressão de ideias, sem críticas ou julgamentos prematuros, para incentivar a criatividade e a diversidade de pensamento.
- Quantidade sobre qualidade: priorize a geração de um grande volume de ideias, sem se preocupar com a qualidade inicialmente. Ideias aparentemente loucas podem levar a descobertas significativas.

## Mind mapping

Visualização de ideias: utilize diagramas de mind mapping para organizar visualmente suas ideias e explorar conexões entre conceitos aparentemente desconexos.

Estímulo da associação livre: permita-se explorar livremente ideias relacionadas, criando uma teia de associações que podem levar a novas e inesperadas descobertas.

## Pensamento lateral

Abordagem não convencional: desafie suposições e padrões estabelecidos, buscando soluções criativas e inovadoras para problemas cotidianos.

Analogias e metáforas: use analogias e metáforas para ver um problema de diferentes ângulos e encontrar novas maneiras de abordá-lo.

## Experimentação e prototipagem rápida

Ação iterativa: teste rapidamente diferentes ideias e soluções por meio de protótipos simples, permitindo ajustes e refinamentos ao longo do processo.

Falha como aprendizado: encare o fracasso como parte do processo de aprendizado e esteja disposto a iterar e experimentar até encontrar uma solução viável.

Ao incorporar essas técnicas em sua abordagem para resolver problemas e gerar ideias, você expandirá seus horizontes criativos, cultivando uma mentalidade aberta à inovação. Lembre-se de que a criatividade é uma habilidade que pode ser desenvolvida e aprimorada com prática e persistência.

## Desenvolvimento de ideias inovadoras: da conceituação à concretização

Desenvolver ideias inovadoras requer um processo cuidadoso que vai desde a conceituação até a concretização. Inspirados por Peter Drucker, discutiremos como a inovação não é apenas sobre criar algo, mas sobre criar algo que agregue valor. Aqui estão algumas estratégias para transformar suas ideias em realidade:

### Geração de ideias

Brainstorming: inicie com sessões de brainstorming para gerar uma ampla gama de ideias, incentivando a criatividade e a colaboração entre a equipe.

Pesquisa e inspiração: explore tendências de mercado, estudos de caso e exemplos de outras indústrias para obter percepções e inspiração que possam alimentar suas ideias.

### Avaliação da viabilidade

Análise SWOT: avalie as forças, fraquezas, oportunidades e ameaças de suas ideias para determinar sua viabilidade e potencial impacto.

Validação de mercado: realize pesquisas de mercado e teste de conceito para validar a demanda e a aceitação do público-alvo.

### Desenvolvimento e refinamento

Prototipagem rápida: crie protótipos simples para visualizar suas ideias e testar sua funcionalidade, permitindo iterações e melhorias ao longo do processo.

Feedback iterativo: solicite feedback de colegas, mentores e potenciais clientes para identificar pontos fortes e áreas de melhoria em suas ideias, refinando-as continuamente.

### Implementação e acompanhamento

Plano de ação: desenvolva um plano detalhado para implementar suas ideias, incluindo recursos necessários, cronograma e metas claras.

Monitoramento e ajustes: acompanhe o progresso de suas ideias e esteja preparado para fazer ajustes conforme necessário, respondendo às mudanças no mercado e às necessidades dos clientes.

Ao seguir essas estratégias, você estará capacitado para transformar suas ideias inovadoras em projetos tangíveis e bem-sucedidos. Lembre-se de que a inovação é um processo contínuo e iterativo, e esteja aberto a aprender com os desafios e experiências ao longo do caminho.

## Cultivo de uma cultura de criatividade e inovação: plantando as sementes da mudança

Cultivar uma cultura de criatividade e inovação é essencial para impulsionar o crescimento e a adaptabilidade em qualquer organização. Aqui estão algumas estratégias para plantar as sementes da mudança e promover uma cultura criativa:

### Encorajar a experimentação

Tolerância ao fracasso: promova uma cultura que encoraje o aprendizado através da experimentação e não penalize o fracasso, reconhecendo que os erros são oportunidades de aprendizado.

Tempo para exploração: reserve tempo e recursos para projetos experimentais e iniciativas de inovação, permitindo que as equipes explorem novas ideias sem restrições.

### Reconhecer e recompensar

Reconhecimento de ideias: celebre e reconheça publicamente as contribuições criativas dos funcionários, incentivando a geração contínua de novas ideias.

Recompensas inovadoras: estabeleça programas de recompensas que reconheçam e incentivem a inovação, seja por meio de prêmios, promoções ou reconhecimento financeiro.

### Promover a diversidade de pensamento

Inclusão e diversidade: promova um ambiente inclusivo que valorize a diversidade de experiências, perspectivas e habilidades, reconhecendo que diferentes pontos de vista podem levar a soluções mais criativas.

Colaboração multidisciplinar: encoraje a colaboração entre equipes de diferentes áreas e disciplinas, estimulando a troca de ideias e a fusão de diferentes perspectivas.

### Estimular a criatividade

Espaços de criação: crie espaços físicos e virtuais que inspirem a criatividade e a colaboração, fornecendo recursos e ferramentas para apoiar o processo criativo.

Treinamento e desenvolvimento: ofereça programas de treinamento em criatividade e inovação para capacitar os funcionários a desenvolverem suas habilidades criativas e explorarem novas abordagens para os desafios.

Ao adotar essas estratégias e cultivar uma cultura que valorize a criatividade e a inovação, as organizações podem criar um ambiente que promova a excelência, a adaptabilidade e o crescimento contínuo. Lembre-se de que a mudança cultural requer tempo, comprometimento e liderança exemplar, mas os benefícios a longo prazo para a organização podem ser transformadores.

## Reflexão

Neste capítulo, exploramos as chaves para desbloquear o potencial ilimitado da criatividade e da inovação. Ao internalizar os princípios da criatividade e inovação, estimular o pensamento criativo, desenvolver ideias inovadoras e cultivar uma cultura que promova a criatividade, podemos moldar o futuro com nossas próprias mãos. Ao investir no desenvolvimento dessas habilidades, podemos transcender os limites do conhecido e explorar o vasto território do desconhecido, encontrando soluções para os desafios que moldam o nosso mundo.

# 18
# TRANSFORMAÇÃO DIGITAL

## Introdução

A transformação digital tornou-se uma prioridade para empresas em todo o mundo, impulsionando a necessidade de adquirir e desenvolver competências digitais para se adaptar ao ambiente empresarial em constante mudança. Neste capítulo, trataremos dos desafios e oportunidades enfrentados pelas organizações ao adotar competências digitais, destacando a importância de se adaptar aos avanços tecnológicos, estimular a inovação e a criatividade, implementar estratégias eficazes de transformação digital e enfrentar os desafios comuns que surgem durante esse processo.

## Adaptação aos avanços tecnológicos: utilizando competências digitais para a transformação empresarial

No contexto empresarial atual, a capacidade de adaptação aos avanços tecnológicos é essencial para a sobrevivência e o sucesso a longo prazo das organizações. Neste capítulo, focaremos como as empresas podem aproveitar as competências digitais para se adaptarem rapidamente às mudanças tecnológicas, identificarem novas oportunidades de negócios e superarem desafios emergentes.

As competências digitais referem-se à habilidade de compreender, utilizar e integrar efetivamente as tecnologias digitais em todos os aspectos das operações empresariais. Essas competências não se limitam apenas ao conhecimento técnico, mas também incluem a capacidade de pensar de forma estratégica sobre como aplicar essas tecnologias para impulsionar a inovação e o crescimento.

Uma das principais maneiras pelas quais as organizações podem utilizar as competências digitais é através da rápida adaptação às mudanças tecnológicas. Em um ambiente onde a tecnologia está em constante evolução, as empresas que conseguem acompanhar essas mudanças têm uma vantagem competitiva significativa. Isso envolve investir em programas de treinamento e desenvolvimento para capacitar os funcionários a adquirirem e aprimorarem suas habilidades digitais, bem como estar atento às tendências tecnológicas emergentes e sua aplicabilidade aos negócios.

Além disso, as competências digitais podem capacitar as organizações a identificar novas oportunidades de negócios que surgem com os avanços tecnológicos. Ao compreender as capacidades e os limites das novas tecnologias, as empresas podem explorar novos mercados, desenvolver produtos e serviços inovadores e criar experiências excepcionais para os clientes.

No que diz respeito aos desafios emergentes, as competências digitais também desempenham um papel fundamental na capacidade das organizações de responderem de forma eficaz a crises e mudanças repentinas no ambiente de negócios. A rápida adoção de tecnologias digitais pode permitir que as empresas se adaptem a novas condições de mercado, reconfigurem seus modelos de negócios e mantenham a resiliência diante de desafios imprevistos.

Em suma, as competências digitais são fundamentais para a adaptação bem-sucedida das organizações aos avanços tecnológicos. Ao investir no desenvolvimento dessas competências e integrá-las à cultura organizacional, as empresas podem posicionar-se de forma mais competitiva no mercado, impulsionar a inovação e garantir uma vantagem estratégica sustentável.

## Inovação digital e criatividade: impulsionando novas fronteiras nos negócios

No mundo empresarial cada vez mais digitalizado, a inovação e a criatividade são essenciais para se destacar em meio à concorrência e impulsionar o crescimento sustentável. Neste capítulo, esboçaremos como as competências digitais podem ser alavancadas para estimular a inovação e o pensamento criativo dentro das empresas, promovendo a criação de novos produtos, serviços e modelos de negócios.

As competências digitais desempenham um papel fundamental na capacidade das organizações de inovar de maneira eficaz. Ao dominar as ferramentas e tecnologias digitais disponíveis, as equipes podem colaborar de forma mais eficiente, compartilhar ideias de forma mais rápida e experimentar novas abordagens para resolver problemas complexos.

Por outro lado, as competências digitais capacitam os profissionais a explorar novas fronteiras de inovação. Ao ter acesso a uma variedade de recursos digitais, como dados analíticos, inteligência artificial e tecnologias de realidade aumentada, as empresas podem identificar padrões, prever tendências de mercado e desenvolver soluções personalizadas que atendam às necessidades em constante mudança dos clientes.

A inovação digital também está intimamente ligada ao pensamento criativo. Ao aproveitar as competências digitais, as equipes podem explorar novas maneiras de abordar os desafios, pensar fora da caixa e experimentar novas ideias sem medo de falhar. Isso cria um ambiente propício à criatividade, onde o erro é visto como uma oportunidade de aprendizado e melhoria contínua.

As competências digitais também permitem a criação de produtos e serviços inovadores que agregam valor aos clientes. Ao utilizar tecnologias digitais de ponta, as empresas podem desenvolver soluções personalizadas, oferecer experiências únicas e antecipar as necessidades dos clientes, diferenciando-se da concorrência e fortalecendo sua posição no mercado.

Em resumo, a inovação digital e a criatividade são impulsionadas pela capacidade das organizações de aproveitar as competências digitais de forma eficaz. Ao investir no desenvolvimento dessas competências e fomentar uma cultura de experimentação e colaboração, as empresas podem criar um ambiente propício à inovação, gerar valor para os clientes e garantir sua relevância e sucesso a longo prazo.

## Estratégias de transformação digital: rumo à excelência empresarial

A transformação digital não se trata apenas de adotar novas tecnologias, mas sim de repensar todo o modelo de negócios para se manter relevante e competitivo em um mundo cada vez mais digitalizado. Neste capítulo, vamos discutir as estratégias-chave para implementar efetivamente a transformação digital em uma organização, garantindo sua adaptação às demandas do mercado atual e futuro.

Uma das estratégias essenciais para a transformação digital é o desenvolvimento de uma cultura orientada para a inovação. Isso envolve criar um ambiente onde a experimentação seja incentivada, o fracasso seja aceito como parte do processo de aprendizado e a colaboração seja valorizada. Ao cultivar uma cultura de inovação, as empresas podem estimular a criatividade de seus funcionários e promover a geração de novas ideias e soluções.

A integração de tecnologias emergentes desempenha um papel crucial na transformação digital. Isso inclui a adoção de ferramentas e plataformas digitais que possam melhorar a eficiência operacional, otimizar os processos de negócios e proporcionar conclusões acionáveis por meio da análise de dados. Ao investir em tecnologias como inteligência artificial, Internet das

Coisas (IoT) e computação em nuvem, as empresas podem criar vantagens competitivas significativas e impulsionar a inovação em toda a organização.

Outra estratégia importante é a otimização dos processos de negócios. Isso envolve identificar áreas de ineficiência e aplicar tecnologias digitais para automatizar tarefas repetitivas, melhorar a colaboração entre equipes e agilizar a tomada de decisões. Ao simplificar os processos internos e eliminar gargalos operacionais, as empresas podem aumentar sua agilidade e capacidade de resposta às mudanças no mercado.

Por essa razão, é fundamental envolver todas as partes interessadas no processo de transformação digital, desde os funcionários da linha de frente até os executivos de alto escalão. Isso requer uma comunicação clara e transparente sobre os objetivos da transformação digital, os benefícios esperados e o papel de cada indivíduo no processo. Ao garantir o alinhamento e o engajamento de toda a organização, as empresas podem superar resistências internas e impulsionar a adoção bem-sucedida das mudanças necessárias.

Em resumo, as estratégias de transformação digital são fundamentais para garantir o sucesso de uma organização em um ambiente de negócios cada vez mais digital. Ao cultivar uma cultura de inovação, integrar tecnologias emergentes, otimizar processos de negócios e envolver todas as partes interessadas, as empresas podem se posicionar para prosperar em um mundo em constante evolução e garantir sua relevância a longo prazo.

## Desafios e oportunidades na adoção de competências digitais

Ao adotar competências digitais, as empresas enfrentam uma série de desafios, mas também são apresentadas a oportunidades significativas para impulsionar a adaptação e a inovação nos negócios. Neste capítulo, vamos entender tanto os desafios comuns enfrentados pelas organizações quanto as oportunidades que surgem ao aproveitar plenamente o potencial das tecnologias digitais.

Um dos principais desafios enfrentados pelas empresas ao adotar competências digitais é a resistência à mudança. Muitos funcionários podem se sentir desconfortáveis com a introdução de novas tecnologias ou processos, temendo a perda de empregos ou a necessidade de adquirir novas habilidades. Superar essa resistência requer uma comunicação clara sobre os benefícios da transformação digital, bem como o fornecimento de treinamento e suporte adequados para ajudar os funcionários a se adaptarem às mudanças.

As empresas podem enfrentar desafios relacionados à segurança cibernética e privacidade de dados ao adotar competências digitais. A crescente ameaça de ataques cibernéticos e violações de dados requer a implementação de medidas de segurança robustas e o cumprimento de regulamentações rigorosas de privacidade. Garantir a proteção adequada dos dados dos clientes e da empresa é essencial para construir confiança e manter a integridade dos negócios.

No entanto, apesar dos desafios, a adoção de competências digitais também oferece uma série de oportunidades significativas para as empresas. Isso inclui a capacidade de se adaptar rapidamente às mudanças no mercado, identificar novas oportunidades de negócios e alcançar uma vantagem competitiva sustentável. Ao aproveitar plenamente o potencial das tecnologias digitais, as empresas podem melhorar a eficiência operacional, impulsionar a inovação e proporcionar experiências excepcionais aos clientes.

A transformação digital permite também que as empresas aprimorem sua capacidade de análise de dados, obtendo entendimentos profundos que podem informar a tomada de decisões estratégicas. Ao coletar e analisar dados em tempo real, as empresas podem identificar padrões, tendências e oportunidades ocultas, permitindo uma resposta mais rápida às demandas do mercado e uma vantagem competitiva sustentável.

Em resumo, embora a adoção de competências digitais possa apresentar desafios, as oportunidades oferecidas superam em muito os obstáculos. Ao superar a resistência à mudança, garantir a segurança cibernética e aproveitar plenamente o potencial das tecnologias digitais, as empresas podem impulsionar a adaptação e a inovação, garantindo sua relevância e sucesso a longo prazo.

## Reflexão

À medida que as empresas avançam em direção à transformação digital, é essencial reconhecer tanto os desafios quanto as oportunidades que surgem durante esse processo. Ao enfrentar a resistência à mudança, garantir a segurança cibernética e aproveitar plenamente o potencial das tecnologias digitais, as empresas podem impulsionar a adaptação e a inovação, garantindo sua posição competitiva no mercado global. Ao adotar competências digitais e cultivar uma cultura de transformação, as empresas podem navegar com sucesso pelas complexidades do ambiente empresarial moderno, alcançando o sucesso a longo prazo e promovendo o crescimento sustentável.

# PARTE 6

# APRENDIZADO E CRESCIMENTO CONTÍNUO

Na área de Aprendizado e Crescimento Contínuo, abordamos o desenvolvimento contínuo e a capacidade de aprender e evoluir constantemente, o que é crucial para o sucesso a longo prazo.

### Gerenciamento de feedback e aprendizado

O feedback construtivo é um recurso poderoso para o desenvolvimento pessoal e profissional. Este pilar destaca a importância de receber feedback de forma aberta e receptiva, reconhecendo as oportunidades de aprendizado que ele proporciona. Discute estratégias para solicitar e utilizar feedback de maneira eficaz, identificando áreas de melhoria e implementando ações corretivas. Também aborda a importância de oferecer feedback construtivo aos outros, promovendo um ambiente de aprendizado mútuo e crescimento contínuo.

### Aprendizado contínuo e desenvolvimento de habilidades técnicas

Em um ambiente empresarial em constante evolução, o aprendizado contínuo é essencial para se manter atualizado e competitivo. Este pilar destaca a importância de buscar oportunidades de aprendizado e desenvolvimento profissional, como cursos, treinamentos e certificações. Explora estratégias para identificar habilidades técnicas relevantes para a sua área de atuação e desenvolvê-las de forma eficaz. Mais, discute-se a importância de cultivar uma mentalidade de crescimento, onde o aprendizado é visto como um processo contínuo e essencial para o sucesso profissional a longo prazo.

Ao priorizar o aprendizado contínuo e o desenvolvimento pessoal, os indivíduos podem melhorar suas habilidades, avançar em suas carreiras e alcançar seus objetivos financeiros. Isso não só promove o sucesso pessoal e profissional, mas também contribui para uma vida mais satisfatória e significativa.

# 19
# GERENCIAMENTO DE FEEDBACK E APRENDIZADO

## Introdução

Neste capítulo, reforçaremos a importância do gerenciamento de feedback de forma construtiva e como as críticas podem ser oportunidades valiosas de aprendizado e crescimento. Abordaremos estratégias para aceitar e utilizar feedback de maneira eficaz, implementar sistemas de feedback 360 graus, promover uma cultura organizacional que valorize o feedback e lidar com críticas de forma produtiva para impulsionar o desenvolvimento pessoal e profissional.

## Aceitando e utilizando feedback de forma eficaz: aprender com experiências passadas

O feedback é muito valioso para o desenvolvimento pessoal e profissional, pois oferece informações sobre nosso desempenho, comportamento e áreas de melhoria. Vamos explorar a importância de aceitar e utilizar feedback de maneira eficaz, transformando-o em oportunidades de crescimento e aprendizado.

## A importância do feedback na jornada do desenvolvimento

Ken Blanchard (2015), renomado autor e palestrante de liderança, destacou a analogia entre o feedback e o café da manhã dos campeões. Assim como o café da manhã fornece energia para começar o dia, o feedback alimenta o crescimento e o aprimoramento pessoal e profissional. Aceitar feedback de forma construtiva é essencial para identificar áreas de melhoria e alcançar o sucesso a longo prazo.

## Estar aberto a críticas construtivas

O primeiro passo para utilizar feedback de forma eficaz é estar aberto a ele, mesmo que seja difícil de ouvir. Como observou Benjamin Franklin (1758), “quando você é bom em desculpas, raramente é bom em qualquer outra coisa”. Isso significa deixar de lado o orgulho e a defensividade e estar disposto a ouvir e considerar as perspectivas dos outros sobre nosso desempenho e comportamento.

## Processando feedback de maneira eficiente

Uma vez recebido o feedback, é importante processá-lo de maneira eficiente. Isso envolve refletir sobre as informações recebidas, identificar padrões de comportamento e áreas de melhoria e reconhecer os pontos fortes que devem ser mantidos e aprimorados.

## Utilizando feedback para o crescimento

O verdadeiro valor do feedback reside na ação que é tomada com base nele. Isso significa usar o feedback recebido para definir metas de desenvolvimento pessoal e profissional, criar planos de ação tangíveis e implementar mudanças positivas em nosso comportamento e desempenho. Como disse Tony Robbins, em "Awaken the giant within" (1991), "a verdadeira medida do sucesso não é o que você realiza, é o que você supera".

Aceitar e utilizar feedback de forma eficaz é uma habilidade essencial para o desenvolvimento pessoal e profissional. Como observou Nelson Mandela, em "Long walk to freedom" (1994), "eu nunca perco. Ou eu ganho, ou aprendo". Ao ver o feedback como uma oportunidade de aprendizado e crescimento, podemos nos tornar melhores versões de nós mesmos, alcançando nossos objetivos e aspirações com confiança e determinação.

## Implementação de sistemas de feedback 360 graus: uma visão abrangente do desempenho

Nos negócios, o feedback serve para impulsionar o crescimento e o desenvolvimento profissionais. Neste capítulo, aprimoraremos a implementação de sistemas de feedback 360 graus, uma abordagem abrangente que permite coletar informações de diversas fontes para oferecer uma visão completa do desempenho.

## Entendendo o conceito de feedback 360 graus

O feedback 360 graus é uma metodologia que reúne avaliações de desempenho de várias fontes, incluindo supervisores, colegas, subordinados e até mesmo clientes externos, oferecendo uma visão completa e holística do desempenho de um indivíduo.

## Benefícios do feedback 360 graus

A implementação de sistemas de feedback 360 graus traz diversos benefícios para as organizações e indivíduos. Em primeiro lugar, proporciona uma visão mais ampla e imparcial do desempenho, permitindo identificar pontos fortes e áreas de melhoria de forma mais precisa. Segundo, promove uma cultura de transparência e prestação de contas, onde todos os membros da equipe têm a oportunidade de contribuir para o desenvolvimento uns dos outros.

## Desenvolvimento profissional orientado por feedback

Uma das principais vantagens do feedback 360 graus é seu potencial para impulsionar o desenvolvimento profissional. Ao receber avaliações de várias fontes, os indivíduos podem identificar padrões de comportamento, pontos fortes e áreas de melhoria que podem não ter sido perceptíveis de outra forma. Essas informações são valiosas para a criação de planos de desenvolvimento personalizados, direcionados às necessidades específicas de cada pessoa.

## Implementação eficiente de sistemas de feedback 360 graus

Para implementar com sucesso um sistema de feedback 360 graus, é fundamental criar um ambiente de confiança e abertura, onde os participantes se sintam seguros para fornecer e receber feedback honesto e construtivo. Do mesmo modo, é importante fornecer treinamento e orientação sobre como dar e receber feedback de forma eficaz, garantindo que todos compreendam o propósito e os benefícios do processo.

O feedback 360 graus é chave para impulsionar o crescimento e o desenvolvimento profissional. Ao implementar efetivamente sistemas de feedback abrangentes, as organizações podem fornecer uma visão mais completa do desempenho, promover uma cultura de transparência e prestação de contas e capacitar os indivíduos a alcançarem seu pleno potencial. Com uma abordagem colaborativa e orientada para o desenvolvimento, o feedback 360 graus pode ser uma ferramenta transformadora para o sucesso organizacional e individual.

## Promoção de uma cultura de feedback: construindo relações de confiança

Em um ambiente de trabalho saudável e produtivo, a comunicação franca e aberta é essencial. Discutiremos a importância de promover uma cultura de feedback nas organizações, destacando a construção de relações de confiança como base para essa prática.

## A importância da confiança

Como afirmou Stephen Covey (1989), renomado autor e especialista em liderança, “a confiança é a cola da vida organizacional”. Sem confiança mútua entre os membros da equipe, o feedback pode ser mal interpretado, causar ressentimento e minar a cultura organizacional. Portanto, promover a confiança é o primeiro passo para criar um ambiente propício ao feedback construtivo.

## Estratégias para promover uma cultura de feedback

Existem várias estratégias que as organizações podem adotar para promover uma cultura de feedback e construir relações de confiança:

- Liderança exemplar: os líderes desempenham um papel fundamental na criação de uma cultura de feedback. Eles devem liderar pelo exemplo, demonstrando abertura para receber feedback e dando o exemplo ao fornecer feedback construtivo de forma respeitosa.
- Comunicação aberta e transparente: promover uma comunicação aberta e transparente em todos os níveis da organização é essencial. Os funcionários devem se sentir à vontade para expressar suas opiniões e preocupações sem medo de retaliação.
- Encorajamento ativo: os líderes devem encorajar ativamente a troca de feedback entre os membros da equipe. Isso pode ser feito por meio de reuniões regulares de feedback, sessões de brainstorming e programas de reconhecimento que valorizem a contribuição dos funcionários.
- Treinamento em comunicação e feedback: fornecer treinamento em comunicação e feedback é fundamental para garantir que os funcionários tenham as habilidades necessárias para dar e receber feedback de forma eficaz. Isso inclui habilidades de escuta ativa, comunicação clara e assertividade.

Promover uma cultura de feedback não é apenas sobre fornecer orientação e correção; trata-se de construir relações de confiança e respeito mútuo entre os membros da equipe. Ao adotar estratégias para promover uma comunicação aberta, transparente e respeitosa, as organizações podem criar um ambiente onde o feedback é valorizado como uma ferramenta para o crescimento e desenvolvimento pessoal e profissional.

## Lidando com críticas de forma produtiva: transformando desafios em oportunidades

Lidar com críticas é uma habilidade essencial para o crescimento pessoal e profissional. Neste capítulo, exploraremos técnicas para enfrentar críticas de maneira construtiva, transformando desafios em oportunidades de aprendizado e desenvolvimento.

## Entendendo a natureza das críticas

As críticas podem ser difíceis de receber, mas são uma parte inevitável da vida pessoal e profissional. Como disse Dale Carnegie, autor do famoso livro "Como fazer amigos e influenciar pessoas" (1936), "a maioria das pessoas prefere ser elogiada; porém, críticas honestas são frequentemente o que mais precisamos ouvir". É importante entender que as críticas não devem ser encaradas como ataques pessoais, mas sim como oportunidades para crescer e melhorar.

## Técnicas para lidar com críticas de forma construtiva

Prática da escuta ativa: ao receber críticas, é essencial praticar a escuta ativa. Isso envolve ouvir atentamente o feedback sem interromper, demonstrando interesse genuíno nas preocupações do outro e buscando entender completamente sua perspectiva.

Busca por feedback específico: em vez de simplesmente rejeitar ou se sentir defensivo em relação às críticas, é útil buscar feedback específico. Pergunte ao avaliador quais aspectos específicos do seu trabalho ou comportamento precisam de melhoria e como você pode fazer isso.

Utilização de críticas como motivação para melhorar: em vez de se deixar desanimar por críticas, utilize-as como motivação para melhorar. Veja cada crítica como uma oportunidade de aprendizado e crescimento e concentre-se em como você pode usar o feedback recebido para se tornar uma versão melhor de si mesmo.

Manutenção da calma e profissionalismo: ao responder às críticas, é importante manter a calma e o profissionalismo. Evite reações emocionais impulsivas e defensivas e responda de maneira respeitosa e construtiva, mesmo que você discorde do feedback recebido.

Lidar com críticas de forma produtiva é essencial para o crescimento pessoal e profissional. Ao praticar a escuta ativa, buscar feedback específico, utilizar críticas como motivação para melhorar e manter a calma e o profissionalismo, os indivíduos podem transformar desafios em oportunidades de aprendizado e desenvolvimento. Ao adotar uma abordagem construtiva para receber e responder às críticas, é possível alcançar níveis mais altos de sucesso e satisfação pessoal e profissional.

## Reflexão

A prática do feedback é fundamental para o aprendizado e o crescimento contínuos. Ao aceitar e utilizar feedback de forma eficaz, implementar sistemas de feedback abrangentes, promover uma cultura organizacional que valorize o feedback e lidar com críticas de maneira produtiva, os indivíduos podem impulsionar seu desenvolvimento pessoal e profissional, alcançando novos patamares de sucesso e excelência.

# 20
# APRENDIZADO CONTÍNUO E DESENVOLVIMENTO DE HABILIDADES TÉCNICAS

## Introdução

Na era da inovação e da rápida evolução tecnológica, o aprendizado contínuo e o desenvolvimento de habilidades técnicas são fundamentais para o sucesso profissional. Este capítulo destaca a importância de se manter atualizado e competitivo no mercado de trabalho, explorando diferentes estratégias para promover o aprendizado autodirigido e desenvolver habilidades técnicas relevantes.

## A importância do aprendizado contínuo: adaptando-se à mudança

Peter Drucker (1973), um dos grandes pensadores em gestão, destacou sabiamente que "o que nos trouxe até aqui não nos levará até lá". Esta afirmação ressoa especialmente no contexto do mercado de trabalho atual. Tecnologias emergentes, mudanças nas demandas dos consumidores e novos modelos de negócios estão constantemente remodelando a paisagem profissional. Para prosperar nesse ambiente dinâmico, é essencial adotar uma mentalidade de aprendizado contínuo.

## Mantendo-se relevante em um mundo em mudança

O aprendizado contínuo nos permite adquirir novas habilidades, atualizar conhecimentos existentes e acompanhar as tendências do setor. Isso é fundamental para permanecer relevante e competitivo no mercado de trabalho. Por exemplo, em um mundo cada vez mais digitalizado, habilidades em tecnologia da informação e análise de dados são altamente valorizadas. Aqueles que se recusam a aprender e se adaptar correm o risco de ficarem para trás.

## Abraçando a mentalidade de crescimento

Carol Dweck, em seu livro "Mindset: a nova psicologia do sucesso" (2017), introduziu o conceito de mentalidade de crescimento, que enfatiza a crença de que nossas habilidades e inteligência podem ser desenvolvidas por meio do esforço e da prática. Esta mentalidade é fundamental para o aprendizado contínuo, pois nos encoraja a ver os desafios como oportunidades de crescimento e a abraçar a mudança com entusiasmo.

## Recursos para aprendizado contínuo

Felizmente, existem inúmeras maneiras de buscar o aprendizado contínuo:

- Cursos online e programas de capacitação: plataformas como Coursera, Udemy e LinkedIn Learning oferecem uma ampla variedade de cursos em diversas áreas, permitindo que os indivíduos aprendam no seu próprio ritmo e de acordo com suas necessidades específicas.
- Leitura e pesquisa: livros, artigos e blogs são excelentes recursos para se manter atualizado sobre os últimos desenvolvimentos em seu campo de atuação e para explorar novos tópicos de interesse.
- Networking e mentoria: conectar-se com colegas de trabalho, participar de eventos do setor e buscar mentores podem fornecer oportunidades de aprendizado informal.

O aprendizado contínuo não é apenas uma vantagem, mas uma necessidade em um mundo em constante mudança. Ao abraçar uma mentalidade de crescimento e buscar ativamente oportunidades de aprendizado, podemos nos adaptar efetivamente às demandas do mercado de trabalho e alcançar o sucesso pessoal e profissional.

## Participação em cursos e treinamentos: investindo no próprio desenvolvimento

Participar de cursos e treinamentos é uma estratégia poderosa para promover o aprendizado contínuo e investir no próprio desenvolvimento. Ressaltaremos a importância dessas oportunidades de aprendizado, os benefícios que oferecem e como escolher os programas mais adequados para suas necessidades específicas de crescimento profissional.

## O valor do investimento em conhecimento

Como observou Brian Tracy (2003), renomado autor e palestrante motivacional, “o investimento em conhecimento sempre paga o melhor interesse”. Isso ressalta a ideia de que o aprendizado é um investimento valioso que pode render retornos significativos ao longo do tempo. Participar de cursos e treinamentos não apenas amplia nosso conhecimento, mas também aumenta nossa capacidade de desempenho e abre portas para novas oportunidades profissionais.

## Diversas opções de aprendizado

Existem inúmeras opções de cursos e treinamentos disponíveis, adaptados para atender a uma variedade de necessidades e interesses profissionais. Alguns dos mais comuns incluem:

Workshops e seminários: eventos presenciais ou online focados em temas específicos, que oferecem uma oportunidade de aprendizado intensivo e interativo.

Cursos online: plataformas de e-learning como Coursera, Udemy e edX oferecem uma vasta gama de cursos ministrados por instrutores especializados de todo o mundo, permitindo que os alunos aprendam no seu próprio ritmo e de acordo com sua agenda.

Programas de certificação: cursos estruturados que concedem certificações reconhecidas na conclusão, validando as habilidades e conhecimentos adquiridos.

## Escolhendo os melhores programas

Ao selecionar cursos e treinamentos, é importante considerar alguns fatores-chave:

Relevância: certifique-se de que o programa aborde tópicos relevantes para sua área de atuação e objetivos profissionais.

Credibilidade: pesquise a reputação do provedor de treinamento e a qualidade dos instrutores e materiais didáticos.

Flexibilidade: avalie a flexibilidade do programa em termos de horários, formatos de entrega e duração.

Custo-benefício: analise o custo do curso em relação ao valor percebido e ao potencial retorno do investimento em termos de desenvolvimento profissional.

Participar de cursos e treinamentos é uma forma poderosa de investir no próprio desenvolvimento e promover o aprendizado contínuo. Ao escolher programas relevantes e de qualidade, os profissionais podem expandir seus conhecimentos, aprimorar suas habilidades e se manter atualizados em um mercado de trabalho em constante evolução.

## Promoção do aprendizado autodirigido: explorando recursos online

O aprendizado autodirigido é uma abordagem dinâmica e eficaz para adquirir novas habilidades e conhecimentos. Temos que saber como aproveitar os recursos educacionais disponíveis online para promover o desenvolvimento de habilidades técnicas de forma autônoma e direcionada.

## A importância do aprendizado autodirigido

Albert Einstein (1954, p. 237) uma vez disse: "A mente que se abre a uma nova ideia jamais volta ao seu tamanho original". Essa citação ilustra a importância de estar aberto ao aprendizado contínuo e à exploração de novos conceitos. O aprendizado autodirigido capacita os indivíduos a assumirem o controle de seu desenvolvimento profissional, permitindo que busquem ativamente os recursos necessários para alcançar seus objetivos.

## Explorando plataformas de e-learning

Com o avanço da tecnologia, uma ampla variedade de plataformas de e-learning está disponível para facilitar o aprendizado autodirigido. Entre as mais populares estão:

- Coursera: oferece cursos ministrados por universidades e instituições de renome em uma ampla gama de tópicos, desde ciência da computação até negócios e artes.
- Udemy: uma plataforma de aprendizado online que permite aos instrutores criarem e disponibilizarem cursos sobre diversos assuntos, tornando-o um espaço diversificado para aprender habilidades técnicas específicas.
- Khan Academy: famosa por sua vasta biblioteca de aulas gratuitas, a Khan Academy abrange uma ampla variedade de disciplinas, incluindo matemática, ciências e programação.

## Desenvolvendo um plano de aprendizado autodirigido

Para aproveitar ao máximo o aprendizado autodirigido, é essencial criar um plano estruturado que aborde objetivos específicos de desenvolvimento de habilidades. Isso pode incluir:

- Definir objetivos claros: identificar as habilidades que você deseja desenvolver e os resultados que deseja alcançar.
- Selecionar recursos relevantes: escolher cursos e materiais de aprendizado que sejam diretamente relevantes para seus objetivos.
- Estabelecer um cronograma: definir um cronograma realista para concluir o aprendizado, reservando tempo regular em sua agenda para estudar e praticar.
- Avaliar e iterar: regularmente avaliar seu progresso em relação aos objetivos estabelecidos e ajustar seu plano de aprendizado conforme necessário.

Explorar recursos online e adotar uma abordagem autodirigida para o aprendizado são maneiras poderosas de desenvolver habilidades técnicas de forma flexível e adaptável. Ao aproveitar plataformas de e-learning e criar planos de aprendizado estruturados, os indivíduos podem expandir seus conhecimentos e avançar em suas carreiras de forma autônoma e direcionada.

## Desenvolvimento de habilidades digitais relevantes: navegando no mundo digital

No cenário atual, o domínio das habilidades digitais é essencial para prosperar em uma ampla gama de setores profissionais. Cultivaremos a importância do desenvolvimento de habilidades digitais relevantes e discutiremos como essas habilidades podem ser aplicadas de forma eficaz em diferentes áreas de atuação.

## O mundo digital em evolução

Peter Senge (1990), autor renomado no campo da gestão organizacional, observou que "a capacidade de aprender é a habilidade mais importante de uma organização". Essa citação ressalta a necessidade premente de adaptação e aprendizado contínuo em um ambiente de rápida mudança. No mundo digital em constante evolução, adquirir habilidades relevantes é crucial para se manter competitivo.

## Habilidades digitais relevantes

Programação: a capacidade de escrever código é uma habilidade valiosa em muitas indústrias. Linguagens de programação como Python, Java e JavaScript são amplamente utilizadas e podem ser aplicadas em uma variedade de contextos, desde desenvolvimento de software até análise de dados e automação de processos.

Análise de dados: com a crescente quantidade de dados disponíveis, habilidades em análise de dados são altamente procuradas. Isso envolve a capacidade de coletar, organizar, analisar e interpretar dados para extrair descobertas significativas que impulsionem a tomada de decisões informadas.

Design gráfico: em um mundo cada vez mais visual, habilidades em design gráfico são essenciais para criar conteúdo visualmente atraente e impactante. Conhecimento em ferramentas como Adobe Photoshop, Illustrator e InDesign pode ser aplicado em áreas como marketing, publicidade e mídia digital.

Marketing digital: com o crescimento do marketing online, habilidades em marketing digital são altamente valorizadas. Isso inclui conhecimento em estratégias de SEO (Search Engine Optimization), PPC (Pay-Per-Click), marketing de conteúdo, mídias sociais e análise de métricas de campanhas digitais.

## Desenvolvendo habilidades digitais: abordagens eficazes

Cursos online: plataformas de e-learning, como Coursera, Udemy e LinkedIn Learning, oferecem uma ampla variedade de cursos voltados para o desenvolvimento de habilidades digitais.

Projetos práticos: participar de projetos práticos e desafios é uma maneira eficaz de aplicar e solidificar o conhecimento adquirido em habilidades digitais.

Comunidades online: juntar-se a comunidades online de profissionais que compartilham interesses semelhantes pode fornecer oportunidades de aprendizado colaborativo e networking.

Investir no desenvolvimento de habilidades digitais relevantes é essencial para acompanhar o ritmo da transformação digital. Ao adquirir conhecimentos em programação, análise de dados, design gráfico e marketing digital, os profissionais podem se posicionar de forma competitiva no mercado de trabalho atual e se preparar para os desafios futuros.

## Obtenção de certificações profissionais: validando competências e conhecimentos

Em um mundo cada vez mais competitivo, a busca por certificações profissionais tornou-se uma estratégia vital para validar competências e conhecimentos em diversas áreas. Destacaremos a importância dessas credenciais e como elas podem impulsionar a carreira dos profissionais em diferentes setores.

## A valorização das certificações profissionais

Como disse Confúcio, em "The analects" (por volta de 500 a.C.), "o aprendizado sem reflexão é perda de tempo; a reflexão sem aprendizado é perigosa". Essa citação ressalta a importância de adquirir conhecimentos de forma significativa e validá-los por meio de certificações reconhecidas. As certificações profissionais atestam a competência técnica e o compromisso com a excelência em uma determinada área, agregando valor ao currículo e aumentando a credibilidade perante empregadores e clientes.

## Tipos de certificações profissionais

Existem diversas categorias de certificações profissionais, cada uma focada em validar habilidades específicas e conhecimentos em determinadas áreas. Alguns exemplos incluem:

- Certificações de tecnologia da informação (TI): certificações como CompTIA, Cisco CCNA, Microsoft MCSA e AWS Certified Solutions Architect validam habilidades em redes, segurança cibernética, administração de sistemas e computação em nuvem.
- Certificações de gerenciamento de projetos: certificações como PMP (Project Management Professional) e PRINCE2 atestam competências em gerenciamento de projetos, incluindo planejamento, execução, controle e encerramento de projetos.
- Certificações de habilidades específicas: existem certificações voltadas para habilidades específicas em diversas áreas, como marketing digital, design gráfico, contabilidade, recursos humanos, entre outros.

## Benefícios das certificações profissionais

Validação de competências: as certificações fornecem uma maneira objetiva de validar as competências e conhecimentos adquiridos por um profissional em uma determinada área.

Credibilidade profissional: ter certificações reconhecidas aumenta a credibilidade do profissional perante empregadores, clientes e colegas de trabalho.

Valorização no mercado de trabalho: profissionais certificados geralmente têm mais oportunidades de emprego e podem receber salários mais altos do que aqueles que não possuem certificações.

## Obtendo certificações profissionais: estratégias eficazes

Identifique as certificações relevantes: pesquise e identifique as certificações mais relevantes para sua área de atuação e objetivos de carreira.

Prepare-se adequadamente: dedique tempo para estudar e se preparar para os exames de certificação, utilizando recursos como livros, cursos online e simulados de teste.

Agende e realize os exames: após se sentir preparado, agende o exame de certificação e realize-o dentro do prazo estabelecido.

Mantenha-se atualizado: algumas certificações requerem renovação periódica para garantir que os profissionais estejam atualizados com as últimas práticas e tecnologias.

Em um mercado de trabalho altamente competitivo, as certificações profissionais desempenham um papel fundamental na validação de competências e no avanço da carreira. Como afirmou Malcolm X, em “Malcolm X Speaks” (1965), “a educação é o passaporte para o futuro, pois o amanhã pertence àqueles que se preparam para ele hoje”. Investir na obtenção de certificações profissionais é um investimento no próprio futuro, abrindo portas para novas oportunidades e crescimento profissional contínuo.

## Reflexão

O aprendizado contínuo e o desenvolvimento de habilidades técnicas são essenciais para a adaptabilidade e o sucesso profissional em um mercado de trabalho em constante evolução. A adoção de uma mentalidade de crescimento e a busca ativa por oportunidades de aprendizado permitem aos indivíduos se manterem competitivos e relevantes em suas áreas de atuação. A exploração de cursos online, treinamentos, certificações e recursos autodirigidos facilita a aquisição de novos conhecimentos e competências. Investir no próprio desenvolvimento não é apenas uma estratégia para enfrentar os desafios presentes, mas também uma preparação para as oportunidades futuras. Assim, ao cultivar uma abordagem proativa e flexível ao aprendizado, profissionais de todas as áreas podem garantir seu crescimento contínuo e sustentável.

# CONCLUSÃO

Ao longo deste livro, exploramos os tópicos que compõem os elementos do sucesso para o avanço profissional na área de administração. Cada um desses temas desempenha um papel fundamental no desenvolvimento de uma carreira bem-sucedida e progressiva, independentemente do estágio em que você se encontre.

Desde o desenvolvimento de habilidades de liderança até a construção de uma marca pessoal forte, passando pela gestão eficaz do tempo, resolução de problemas, inovação e muito mais, cada capítulo oferece insights valiosos e estratégias acionáveis para ajudá-lo a alcançar seus objetivos profissionais.

É importante lembrar que o sucesso não é um destino final, mas sim uma jornada contínua de aprendizado e crescimento. Portanto, encorajo você a continuar aplicando os princípios e técnicas discutidos neste livro em sua vida profissional e pessoal.

Além disso, considere explorar outras áreas de interesse dentro da administração e do desenvolvimento pessoal. Continue buscando oportunidades de aprendizado, networking e desenvolvimento de habilidades para se manter relevante e progredir em sua carreira.

Lembre-se sempre de que o verdadeiro sucesso vem da combinação de conhecimento, habilidades, ética de trabalho e uma mentalidade de crescimento. Esteja aberto a novas experiências, desafios e oportunidades de desenvolvimento e nunca subestime o poder do seu próprio potencial.

Desejo a você todo o sucesso em sua jornada de crescimento profissional e espero que este livro tenha sido uma fonte inspiradora de descobertas e orientações para alcançar seus objetivos. Continue avançando, continue aprendendo e continue construindo os pilares do seu sucesso.

# REFERÊNCIAS


ANGELOU, Maya. *Conversations with Maya Angelou*. Jackson: University Press of Mississippi, 1989.

ANGELOU, Maya. *I know why the caged bird sings*. New York: Random House, 1969.

BENNIS, Warren. *On becoming a leader*. New York: Basic Books, 1989.

BENNIS, Warren. *A formação do líder*. São Paulo: Atlas, 1996.

BERNERS-LEE, Tim. Tim Berners-Lee: The inventor of the World Wide Web [Entrevista cedida a Mark Frauenfelder]. *Time*, New York, nº 12, 29 março 1999.

BEZOS, Jeff. Jeff Bezos: how he became the king of e-commerce [Entrevista cedida a Henry Blodget]. *Business Insider*, New York, 16 agosto 2013.

BEZOS, Jeff. *The everything store: Jeff Bezos and the age of Amazon por Brad Stone*. New York: Little, Brown and Company, 2013.

BLANCHARD, Ken; JOHNSON, Spencer. *O novo gerente-minuto*. Rio de Janeiro: Best Business, 2015.

BRANSON, Richard. *Losing my virginity: how I've survived, had fun, and made a fortune doing business my way*. New York: Crown Business, 1998.

BUCKINGHAM, Marcus. *Now, discover your strengths*. New York: Gallup Press, 2001.

BUFFETT, Warren. *Annual Berkshire Hathaway Shareholders Letter*. Omaha: Berkshire Hathaway, 2005.

BUFFETT, Warren. *Berkshire Hathaway Shareholders Letter*. Omaha: Berkshire Hathaway, 1992.

BUFFETT, Warren. *Warren Buffett speaks: wit and wisdom from the world's greatest investor por Janet Lowe*. New York: John Wiley & Sons, 1997.

CARNEGIE, Dale. *How to win friends and influence people*. New York: Simon & Schuster, 1936.

CARROLL, Lewis. *Alice's adventures in Wonderland*. London: Macmillan, 1865.

CONFÚCIO. *The analects of Confucius*. Beijing: Foreign Languages Press, 1992.

COVEY, Stephen R. *The 7 habits of highly effective people: powerful lessons in personal change*. New York: Free Press, 1989.

DRUCKER, Peter F. *Management challenges for the 21st century*. New York: HarperBusiness, 1999.

DRUCKER, Peter F. *Management: tasks, responsibilities, practices*. New York: Harper & Row, 1973.

DRUCKER, Peter F. *The effective executive: the definitive guide to getting the right things done*. New York: HarperBusiness, 1966.

DRUCKER, Peter F. *The essential Drucker: the best of sixty years of Peter Drucker's essential writings on management*. New York: HarperBusiness, 2001.

DRUCKER, Peter F. *The Practice of Management*. New York: Harper & Row, 1954.

DWECK, Carol. *Mindset: a nova psicologia do sucesso*. São Paulo: Objetiva, 2017.

EINSTEIN, Albert. *Ideas and opinions*. New York: Crown Publishers, 1954.

EINSTEIN, Albert. *What life means to Einstein: an interview by George Sylvester Viereck*. New York: The Saturday Evening Post, 26 October, 1929.

FERRISS, Tim. *The 4-hour workweek: escape 9-5, live anywhere, and join the new rich*. New York: Crown Publishers, 2007.

FORD, Henry. *My life and work*. Garden City: Garden City Publishing Company, 1922.

FRANKL, Viktor E. *Man's search for meaning*. Boston: Beacon Press, 1946.

FRANKLIN, Benjamin. *The way to wealth*. Philadelphia: 1758.

GANDHI, Mahatma. *The story of my experiments with truth*. Ahmedabad: Navajivan Publishing House, 1927.

GARDNER, Howard. *Multiple intelligences: new horizons in theory and practice*. New York: Basic Books, 2006.

GATES, Bill. *Business @ the speed of thought: succeeding in the digital economy*. New York: Warner Books, 1999.

GRAHAM, Benjamin. *The intelligent investor: the definitive book on value investing*. New York: Harper & Brothers, 1949.

HEFFERNAN, Margaret. *Willful blindness: why we ignore the obvious at our peril*. New York: Walker & Company, 2011.

HOFSTEDE, Geert. *Culture's consequences: comparing values, behaviors, institutions, and organizations across nations*. Beverly Hills: SAGE Publications, 1983.

IACOCCA, Lee. *Talking straight*. New York: Bantam Books, 1988.

JOBS, Steve. *Discurso de formatura na Universidade de Stanford*. Stanford University, Stanford, 12 de junho de 2005.

KENNEDY, John F. *Discurso de Kennedy na Câmara dos Representantes dos Estados Unidos*. JFK Library, Washington, D.C., 13 de dezembro de 1947.

KENNEDY, John F. *Discurso de posse presidencial*. JFK Library, Washington, D.C., 20 de janeiro de 1961.

KIYOSAKI, Robert T. *Rich dad, poor dad: what the rich teach their kids about money that the poor and middle class do not!*. Scottsdale: Plata Publishing, 1997.

KOTTER, John P. *Leading change*. Boston: Harvard Business Review Press, 1996.

LENCIONI, Patrick. *The five dysfunctions of a team*. San Francisco: Jossey-Bass, 2002.

LYNCH, Peter. *One up on Wall Street: how to use what you already know to make money in the market*. New York: Simon & Schuster, 1989.

MALCOLM X. *The autobiography of Malcolm X as told to Alex Haley*. New York: Ballantine Books, 1965.

MANDELA, Nelson. *Long walk to freedom: the autobiography of Nelson Mandela*. Boston: Little, Brown and Company, 1994.

MAXWELL, John C. *Intentional living: choosing a life that matters*. New York: Center Street, 2015.

MAXWELL, John C. *The 21 irrefutable laws of leadership*. Nashville: Thomas Nelson, 1998.

MEAD, Margaret. *The margaret mead reader*. New York: William Morrow Paperbacks, 1979.

MOBIUS, Mark. *Emerging markets: lessons for business success and the outlook for different markets*. New York: John Wiley & Sons, 1996.

ORMAN, Suze. *The road to wealth: a comprehensive guide to your money*. New York: Riverhead Books, 2001.

PARRY, J. Lawrence. *Manual de coaching de sucesso pessoal*. Lisboa: Lisbon International Press, 2022.

RAMSEY, Dave. *The total money makeover: a proven plan for financial fitness*. Nashville: Thomas Nelson, 2003.

RIFKIN, Adam. *The LinkedIn legacy: networking your way to success*. Hoboken: Wiley, 2013.

ROBBINS, Tony. *Awaken the giant within: how to take immediate control of your mental, emotional, physical and financial destiny!*. New York: Simon & Schuster, 1991.

ROHN, Jim. *The treasury of quotes*. Southlake: Jim Rohn International, 2000.

ROSENBERG, Marshall B. *Nonviolent communication: a language of Life*. Encinitas: Puddledancer Press, 1999.

SAINT-EXUPÉRY, Antoine de. *Citadelle*. Paris: Gallimard, 1948.

SCHNEIER, Bruce. *Secrets and lies: digital security in a networked world*. New York: Wiley, 2000.

SCHULTZ, Howard. *Pour your heart into it: how Starbucks built a company one cup at a time por Howard Schultz e Dori Jones Yang*. New York: Hyperion, 1997.

SENGE, Peter M. *The fifth discipline: the art & practice of the learning organization*. New York: Doubleday/Currency, 1990.

SILVER, Nate. *The signal and the noise: why so many predictions fail – but some don't*. New York: Penguin Press, 2012.

SINEK, Simon. *Start with why: how great leaders inspire everyone to take action*. New York: Portfolio, 2009.

TOFFLER, Alvin. *Future shock*. New York: Random House, 1970.

TRACY, Brian. *Goals! how to get everything you want – faster than you ever thought possible*. San Francisco: Berrett-Koehler Publishers, 2003.

TUFTE, Edward R. *The visual display of quantitative information*. Cheshire: Graphics Press, 1983.

WATZLAWICK, Paul. *Pragmatics of human communication: a study of interactional patterns, pathologies, and paradoxes*. New York: W. W. Norton & Company, 1967.

WINFREY, Oprah. Living your best life. *O The Oprah Magazine*, New York, maio 2001.

ZIGLAR, Zig. *See you at the top*. Gretna: Pelican Publishing, 1975.

ZINSSER, William. *On writing well*. New York: HarperCollins Publishers Inc., 2016.

Este livro foi confeccionado especialmente para a
Editora Meridional Ltda,
em Liberation Serif, 11,5 e
impresso na Gráfica Meta Brasil.